비틀스

차례
Contents

03 리버풀의 네 꼬마 09 로큰롤과 만나다 14 함부르크 여행 19 캐번 클럽과 브라이언 엡스타인 25 훌륭한 작은 로큰롤 밴드 30 비틀매니아 37 꿈에 그리던 미국 진출 43 새로운 세상에 눈뜨다 49 콘서트 중단과 스튜디오 실험 56 개별 활동 시작 63 스튜디오 실험의 궁극 『페퍼상사』 68 인도에 은둔하다 73 해체의 서막 79 재앙이 된 『렛 잇 비』 세션 85 애비로드는 영원히 91 에필로그

리버풀의 네 꼬마

비틀스는 리버풀에서 태어났다. 리버풀은 잉글랜드 북서쪽, 머시강 하구에 자리 잡고 있는 영국 제2의 무역항이다. 예로부터 리버풀은 세계에서 가장 거대한 항구 가운데 하나로 오랜 역사를 자랑했으며, 19세기에는 아프리카와 인도에서 데려온 노예무역의 중심지로 번영을 누렸다. 또 제2차 세계대전 중에는 미군과 전쟁물품을 나르는 관문 역할을 하기도 했다.

과거 무역항으로 전성기를 누리기도 했던 리버풀은 전쟁이 끝난 뒤 가난한 도시로 전락했다. 전쟁의 상흔은 곳곳에 남아 있었다. 전쟁 시 폭격을 받아 파괴된 지역이 많았고 참전했다가 돌아온 군인들은 정신이상자가 되어 거리를 떠돌았다. 어린 철부지 시절 폴 매카트니는 바로 그 폭격 맞은 장소에 가서 놀곤 했다.

이렇게 희망이라곤 보이지 않았던 도시 리버풀은 얼마 뒤 비틀스가 세계를 정복하면서 영국 로큰롤 혁명의 진원지가 되었다. 지형적으로나 음악산업으로 볼 때 리버풀은 한참 변방이었지만 세계로 뻗어있는 항구도시라는 장점이 있었다. 특히 세계대전 때부터 미 공군기지가 있었기 때문에 디즈니 영화나 마릴린 먼로, 제임스 딘 같은 할리우드 배우들, 코카콜라, 그리고 로큰롤과 컨트리 앤 웨스턴 등 미국의 많은 문화산물이 무차별적으로 수입된 상태였다.

시간이 갈수록 이러한 '미국의 공습'이 더 심해져서 리버풀 사람들은 미국에서 들어오는 최신 앨범을 쉽게 접할 수 있었고, 존 레논과 폴 매카트니, 조지 해리슨, 링고 스타 등 네 비틀스 꼬마는 미국 영화와 미국 음악에 빠져들었다.

어린 존 레논(1940~1980)은 네 살 때 부모가 헤어지면서 이모 미미와 함께 살았다. 남편이 집을 나가자 아들을 키울 능력이 없었던 어머니 줄리아는 언니였던 미미의 집에 존을 맡겼다. 아이가 없었던 미미는 남편과 함께 조카를 친자식처럼 아끼고 돌봤으나 부모의 부재는 유년기 내내 존을 힘들게 했다. 그 때문인지 그는 어릴 적 리버풀을 벗어나는 꿈을 자주 꾸었다.

그렇지만 그러한 슬픈 경험 덕에 역설적으로 존 레논은 독창적이고 독립적인 인간이 되었다. 그는 다른 아이들이 어머니와 소풍 다닐 시간에 자신만의 시간을 가질 수 있었고, 그

덕택에 머리 속은 언제나 자신만의 아이디어로 가득했기 때문이다. 훗날 레논은 "내가 스타가 될 수 있던 유일한 동기는 내 억압 본능 때문이며 내가 만약 평범한 가정에서 성장했다면 그 어떤 것도 지금의 나로 이끌지 못했을 것"이라고 회고했다.

존 레논이 다소 시무룩한 유년시절을 겪었다면 그의 작곡 파트너였던 폴 매카트니(1942~)는 좀더 밝은 분위기 속에서 성장했다. 평범한 노동자 계급이었지만 그의 가족은 무척 화목했으며 집안에는 음악소리가 끊이지 않았다. 젊은 시절 재즈 밴드에서 음악가로 활약하기도 했던 아버지 짐 매카트니는 가족들에게 피아노 연주를 자주 들려주었다.

폴 매카트니의 음악적 재능은 여기에서부터 싹텄다. 그는 아주 어릴 때부터 아버지의 재즈 연주를 감상하며 평화로운 시간을 보낼 수 있었고 그것이 바로 폴이 받은 음악교육이었다. 비록 단 한 번도 정규 음악수업을 받지 않았지만 그는 아버지가 연주하는 피아노 소리를 들으면서 피아노에 대한 애정과 남다른 선율 감각을 키워갔다.

매카트니는 아주 영리해서 쉽게 고교입학 자격시험을 통과해 리버풀 인스티튜트라는 명문학교에 들어갔다. 영문학을 좋아했던 폴은 우수한 작문실력을 보이며 글짓기 대회에서 특별상을 받기도 했다. 그렇지만 곧 학교 공부에 흥미를 잃고 학교의 모든 시스템과 주입식 교육을 거부했다.

비틀스의 리드기타리스트였던 조지 해리슨(1943~2001)은 친부모와 더불어 온전한 가정에서 살았던 유일한 밴드 멤버였다. 조지는 어린 시절부터 늘 라디오를 통해 음악을 들었고 열네 살 때는 용돈으로 작은 어쿠스틱 기타를 사 익히기 시작했다. 얼마 뒤에는 부모에게 30파운드짜리 일렉트릭 기타 한 대를 선물 받아 맹렬히 연습해나갔다.

가장 어린아이였지만 해리슨이야말로 진정한 반항아였다. 그는 존 레논이 다닌 도브데일 초등학교와 폴 매카트니가 다닌 리버풀 인스티튜트에 차례로 입학했지만 그들과 마찬가지로 곧 학교 공부를 멀리했다. 수업시간에는 늘 교실 뒤에 앉아서 기타와 첼로 같은 악기를 그리곤 했다. 또 조지는 괴상한 옷차림과 입을 굳게 닫는 것으로 남들에게 반항심을 드러냈다.

비틀스에 가장 늦게 합류한 링고 스타(1940~)는 멤버 가운데 가장 어려운 소년기를 보냈다. 네 살도 되기 전 부모가 이혼하여 홀어머니 밑에서 성장한 데다가 너무 몸이 약해서 줄곧 병치레를 했다. 링고는 여섯 살 때 걸린 맹장염이 나중에 복막염으로 악화되어 두 차례나 수술을 받았으며 열세 살 때는 늑막염에 걸려 무려 2년이나 병원 신세를 져야 했다.

그 탓에 링고 스타는 학업을 제대로 이어나갈 수 없었고 일상적인 생활에도 제대로 적응하기 어려웠다. 그러나 비틀스 공인전기를 쓴 작가 헌터 데이비스에 따르면 링고 자신은 어린 시절을 불행하다고 생각하지 않았고 오히려 행복했다고 추억했다. 링고 스타는 실제로 비틀스 시절이나 지금이나 매우 낙천적인 인물이다.

한편 비틀스 꼬맹이들은 모두 영국 노동자 계급 출신이지만 몸이 아팠던 링고 스타를 제외하면 교육을 길 빝았다는 공통점이 있었다. 존 레논은 부모에게 버림받았지만 사실 윤택한 환경 – 어릴 적 살던 이모 집은 조그만 정원이 딸린 훌륭한 곳이었다 – 에서 중산층 아이에 가깝게 자랐을 뿐 아니라, 늘 말쑥하게 옷을 차려 입고 예술대학에 다닐 수 있었다. 길거리의 불량아들보다는 예술대학이 존 레논에게 훨씬 큰 영향을 미쳤다.

존 레논보다는 가정 형편이 어려웠지만 조지 해리슨과 폴 매카트니 역시 부모에게 용돈을 타서 값비싼 기타를 사거나 트럼펫을 선물 받으며 음악가의 꿈을 키워나갔다. 또 그 둘은 초등학교 시절 공부도 썩 잘 해서 소수의 학문적 자질이 있는 어린이만 갈 수 있는 문법학교에 진학하기도 했다.

바로 이 부분이 비틀스가 과거의 로큰롤 가수들과 달랐던 점이다. 비틀스는 잘 교육 받은 첫 팝스타이다. 척 베리, 리틀 리처드, 보 디들리 등 그때까지의 로큰롤 가수들은 대부분 흑인이었고 또 가난했다. 그들은 대개 시골이나 도시 빈민가에 살았으며 정규교육을 받기는커녕 하루하루 먹고 살기에도 벅찼다. 엘비스 프레슬리는 백인이긴 했지만 거친 트럭 운전사 출신이었다.

허나 비틀스 멤버들에겐 적어도 생계 걱정이 없었고 교육의 기회가 있었다. 마음만 먹었으면 대학에 갈 수 있을 정도로 성적도 좋았으며 집에서 음악적 지원까지 받았다. 존의 어머니 줄리아는 존에게 밴조를 가르쳐줬고 과거 재즈 밴드의 리더였던 폴의 아버지는 늘 아들에게 피아노 연주를 들려줬다.

그 덕택에 비틀스는 좀더 좋은 환경 속에서 자유로운 상상력을 키워나갈 수 있었고 다양한 문화요소를 받아들일 수 있었다. 그리고 가까운 훗날, 자신의 노래를 직접 작곡하고 기존의 로큰롤보다 훨씬 새로운 차원의 음악을 창조하면서 세계의 모든 어린이들에게 그들이 되고 싶어하는 청사진이 될 수 있었다.

로큰롤과 만나다

1955년경 영국과 리버풀에 컨트리풍의 스키플 음악이 유행했다. 기타와 빨래판, 차 박스 등을 두들기면서 연주했던 스키플 음악은 요즘 흔히 말하는 '스스로 하기'(DIY)의 전형이었다. 기타 코드 세 개와 리듬 섹션만 있으면 가능했기 때문에 음악적 지식이나 재능이 없어도 누구나 밴드를 만들고 악기를 연주할 수 있었다.

그 당시 리버풀에만 스키플 밴드 400여 팀이 생겨날 정도로 비틀스 또래의 아이들은 모두 밴드를 만들었다. 기타를 잘 치지 못했던 소년 존 레논도 스키플 열풍에 동참했다. 1956년경 쿼리뱅크 고등학교에 다녔던 존은 친구였던 에릭 그리피스, 피트 쇼튼, 콜린 핸튼, 아이반 본 등과 같이 스쿨 밴드를 창설했다. 바로 비틀스의 전신이라 할 수 있는 아마추어 스키플 밴드 쿼리멘The Quarry Men이었다.

쿼리멘은 댄스파티와 경연대회를 돌며 연주활동을 시작했지만, 결국 스키플 시대는 엘비스 프레슬리와 로큰롤의 출현 앞에 무릎 꿇고 말았다. 존 레논이 "엘비스가 나타나기 전까지 어린 시절 내게 영향을 준 것은 아무 것도 없었다"라고 말했을 만큼 프레슬리는 비틀스 멤버들을 완전히 매혹시켰다. 폴 매카트니 역시 "바로 그 사람이었다. 그가 바로 구루guru였고 우리가 기다려오던 구세주였다"며 그때의 감격을 떠올렸다.

로큰롤만이 진짜였고 자신들을 구원할 유일한 음악이었다. 엘비스 프레슬리에 이어 리틀 리처드, 척 베리, 패츠 도미노, 에디 코크란, 로이 오비슨, 버디 홀리 같은 미국 로큰롤 가수들의 레코드와 로큰롤 영화가 쏟아져 들어왔으며 리버풀에서 들리는 음악은 모두 로큰롤이었을 정도로 '로큰롤 홍수'가 일어났다.

'로큰롤 시대'가 되자 10대 청소년들은 로큰롤 스타들을 따라 딱 달라붙는 바지에 헐렁한 재킷을 입고 불량기를 과시했다. 그런 거칠고 반항적인 틴에이저들을 '테디 보이'라 불렀다. 테디 보이들은 모두 로큰롤에 열광하면서 기성 세대의 가치관과 기존 질서를 비판하고 거역하기 시작했다. 노동자 계급에서 태어난 비틀스의 네 멤버도 로큰롤을 발견하면서 그와 같은 테디 보이가 되어갔다.

한편 그 무렵 존 레논은 떨어져 살던 어머니 줄리아와의 관계를 회복했다. 자신과 절친했던 이모부가 뇌출혈로 사망하자 존은 그때부터 주말마다 어머니 집에 가서 시간을 보내곤 했다. 그가 쿼리멘 멤버들과 함께 종종 어머니 집에 들러 연습할 때면 그녀는 그들에게 밴조의 코드를 가르쳐 주면서 같이 어울렸다. 존에게 줄리아는 서로 마음이 통하는 젊은 이모나 큰누나 같은 존재가 되었고, 그럼으로써 드디어 존은 어머니에게 의지할 수 있었다.

반면 폴 매카트니는 어머니를 잃었다. 암으로 세상을 떠난 것이다. 겨우 열네 살이던 매카트니는 매우 힘들었지만 아버지가 사준 트럼펫을 배우며 애써 슬픔을 달랬다. 그런데 트럼펫을 연주하는 동안 노래를 부를 수 없다는 점이 불만이었던 폴은 아버지에게 승낙을 얻어 트럼펫을 어쿠스틱 기타와 바꾸었다. 코드 몇 개만 배웠지만 그는 곧 기타에 빠져들었고, 그것에 완전히 몰입해서 화장실이나 목욕탕, 그 어디에서도 기타를 놓지 않고 연습했다.

'당돌한 소년' 조지 해리슨도 부모의 적극적인 후원에 힘입어 학교 수업에 아랑곳 않고 기타에만 매달렸다. 나이는 가장 어렸지만 해리슨은 음악적으로 나머지 비틀스 멤버들보다 어릴 적부터 훨씬 많은 노력을 기울였다. 그는 손에 상처가 아물 틈 없이 맹렬히 기타를 연습했으며 오래된 영국 전통음악뿐 아니라 미국에서 건너온 로커빌리, 블루스, 컨트리, 리듬 앤 블루스, 정통 재즈에 이르기까지 당시 라디오에 흘러나온 거의 모든 음악을 챙겨 들었다.

조지 해리슨은 레벨스The Rebels라는 스키플 그룹을 조직해 오디션에 참가하기도 했고 얼마 뒤에는 같은 학교에 다니던 폴 매카트니를 만나 교류를 쌓아갔다. 서로 버스 한 정거장 정도만 떨어진 가까운 곳에 살았던 터라 둘은 날마다 같은 통학 버스에 올랐다. 이때부터 해리슨은 매카트니와 스쿨버스에 나란히 앉아 이야기를 나누곤 했다.

둘 다 기타와 로큰롤에 매혹됐던 터라 그들은 장단이 척척 맞았으며 폴이 존 레논과 만나기 전까지는 집에 모여 기타 코드를 연습하고 서로에게 배우며 늘 붙어 다녔다. 또 이들은 새로운 기타 코드를 알고 있는 누군가를 보러 버스를 몇 번씩이나 갈아타며 리버풀 전역을 돌아다녔다. 해리슨이 열네 살 반, 매카트니가 열여섯 살이던 때다.

그러던 얼마 후 평소 폴 매카트니의 음악적 재능을 높이 산 친구 아이반 본이 자신의 밴드 쿼리멘 공연에 폴을 데리고 갔다. 1957년 7월 6일 있었던 울튼 패리시 교회 가든 파티였다. 공연이 끝나고 아이반은 매카트니를 무대 뒤로 데려가 팀의 리더 존 레논에게 소개했다. 이들은 서로 탐색전을 벌이며 음악 이야기를 나눴고, 마침내 폴은 존 앞에서 에디 코크란의 노래 「트웬티 플라이트 록Twenty Flight Rock」을 연주했다.

일종의 오디션이었던 이 연주는 훌륭했다. 기타연주법을 알고 있을 뿐 아니라 정확한 가사로 노래를 불렀던 폴에게 존 레논은 깊은 인상을 받았고, 폴 매카트니 역시 앞선 존의 공연에 감명 받았다. 레논은 기타 실력이 뛰어난 데다가 엘비스 프레슬리의 얼굴을 닮은 매카트니에게 쿼리멘 합류 제의를 했고 매카트니는 기다렸다는 듯이 이를 받아들였다.

그로부터 얼마 뒤 폴 매카트니는 자신보다 기타 연주만큼은 한수 위였던 조지 해리슨을 쿼리멘에 소개했다. 폴과 마찬가지로 조지 역시 존 앞에서 오디션을 치렀다. 늦은 밤 텅 빈 버스 안에서 조지는 완벽한 기타 연주를 선보였고 존은 기타 솔로를 연주할 줄 아는 그를 밴드에 영입했다. 이로써 이들은 진짜 밴드를 만들게 된 것이며, 이후 세 사람은 레논의 예술학교 근처에 있는 자카란다 클럽에 자주 모여 즐거운 시간을 보냈다.

그러나 존 레논에게 비참한 사건이 찾아왔다. 1957년 7월 15일 존의 어머니 줄리아가 교통사고로 숨지고 말았던 것이다. 이 참사는 존 레논이 잊지 못할 상처가 되었다. 그는 너무나 고통스러웠다. 한동안 실종됐던 모자관계가 다시 시작될 즈음 일어난 비극이었기 때문에 마음의 동요는 더욱 심했다.

한동안 존 레논은 어머니의 죽음을 인정하려 하지 않았고 더욱 사나워지고 잔인해졌다. 동시에 어머니의 죽음은 레논과 매카트니 사이를 강하게 연결해주었다. 둘 다 어머니를 멀리 떠나보냈다는 공통점이 있었기 때문이다. 그리고 그들은 그 혼돈의 시기를 함께 극복했다.

함부르크 여행

 조지 해리슨이 가입하면서 쿼리멘은 이제 기타리스트 세 명을 보유한 밴드가 되었다. 존 레논은 해리슨의 뛰어난 기타 실력에 만족했고 이 세 명은 늘 붙어다니며 연습했다. 1958년 여름 쿼리멘은 처음으로 곡을 녹음하기도 했다. 버디 홀리의 「댓일 비 더 데이That'll Be The Day」라는 노래와 폴, 조지가 공동작곡하고 존이 리드보컬을 맡은 「인 스파이트 오브 올 더 데인저In Spite Of All The Danger」였다.

 이듬해에는 팀 이름을 조니 앤 더 문독스라고 바꿔 여러 경연대회에 참가했다. 그 사이 이들의 기타 실력은 점점 늘어갔지만 문제가 하나 생겼다. 기타 세 대로 스키플을 연주하기엔 충분했지만 당시 그들을 사로잡았던 로큰롤을 소화하려면 베이스 주자와 드러머가 필요했다.

그즈음 존 레논에게는 리버풀 미술대학에서 만난 스튜어트 서트클리프라는 친구가 있었다. 스튜어트는 그 대학에서 가장 뛰어난 미술학도이자 화가였다. 그는 반사회적 기질을 타고났으며 앨런 긴즈버그, 잭 케루악 같은 미국 비트 문학과 신비주의 철학에도 깊은 관심이 있었다. 존은 그러한 반문화 성향과 예술성에 크게 감명받았고 그를 자신의 그룹에 끌어들이고 싶어했다. 마침 스튜어트가 그림을 팔아 돈이 생기자 존은 그 돈으로 베이스 기타를 사라고 꼬드겼다.

존의 말대로 호프너 베이스 기타를 산 스튜어트는 전혀 연주할 줄 몰랐는데도 곧바로 그룹의 베이시스트가 되었다. 베이스 연주자가 전혀 없는 것보다는 나았기 때문이다. 하지만 클럽에서 연주할 때 스튜어트 서트클리프는 늘 뒤로 돌아 서 있었다. 그가 연주를 못한다는 사실을 들킬까봐 다른 멤버들이 그렇게 요청한 탓이었다.

그리고 바로 이 시기에 비틀스라는 밴드 이름이 탄생한다. 이름을 생각해낸 것은 존 레논이었다. 그는 버디 홀리의 밴드 크리케츠Crickets(귀뚜라미들)를 참조하여 비틀스Beetles(딱정벌레들)라는 그룹 이름을 제안했다. 비틀스라는 이름은 딱정벌레라는 곤충뿐 아니라 음악용어 비트beat와 비트문학까지 연상시켰으며 한편으로는 미국 비트 운동의 사회혁명을 암시했다.

1959년 중반부터 비틀스는 일자리를 찾아 자카란다 커피바, 그로스베너 볼룸, 리스카드 앤 인스터튜트, 네스톤, 카스바 등 리버풀의 여러 클럽을 전전하며 연주활동을 계속했다. 이듬해 5월에는 팝 매니저 래리 판스와 리버풀 최고의 인기 록스타 빌리 퓨리 앞에서 첫 오디션을 치렀고 이때 조니 젠틀이라는 신인가수의 백밴드로 발탁되어 스코틀랜드에 가서 공연했다.

9일간의 스코틀랜드 일정을 마치고 리버풀로 돌아온 비틀스는 카스바 클럽에 머물며 독일 함부르크에서의 다음 일정을 예약했다. 당시 비틀스에는 드러머가 없었기 때문에 그들은 새로운 드러머로 피트 베스트를 영입하고 함부르크로 연주여행을 떠났다. 이로써 비틀스는 존 레논(리듬기타/보컬), 폴 매카트니(리듬기타/보컬), 조지 해리슨(리드기타/보컬), 스튜어트 서트클리프(베이스), 피트 베스트(드럼) 등 5인조로 개편되었다.

10대 소년 다섯 명에게 함부르크행은 굉장한 일이었다. 모두들 함부르크에 가면 많은 돈을 벌고 슈퍼스타가 될 것이라고 기대했다. 서류상으로는 아직 학생 신분이었던 존과 폴에게는 지겨웠던 학교를 완전히 그만둘 명분도 섰다. 하지만 함부르크에서 보낸 시간은 상상했던 것 이상이었다. 함부르크 여행은 성장의 기회였다.

1960년의 함부르크는 제2차 세계대전 때 파괴되었다가 재건되고 있던, 무척 아름답고 깨끗한 도시였다. 그러나 그와 동시에 유럽에서 제일가는 향락의 도시 또한 함부르크였다. 함부르크의 번화가 레퍼반에는 많은 술집과 스트립 클럽이 들어서 있었고 유럽 각지의 사람들이 술과 마약, 섹스의 해방을 찾아 모여들었다. 클럽 주변에서는 깡패들과 외국 선원들과의 싸움이 끊이지 않았다. 비틀스는 바로 그 홍등가의 한가운데에서 5개월 동안 머물며 주당 30회의 공연을 치렀다.

당시 비틀스의 레퍼토리는 주로 척 베리, 리틀 리처드, 칼 퍼킨스, 버디 홀리 같은 미국 로큰롤 가수의 곡이었다. 인드라 클럽에서 처음 연주할 때 독일 손님들의 반응은 아주 썰렁했다. 아니 그들은 시끄럽게 고함을 지르고 야유했다. 패기 넘쳤던 존 레논은 그에 지지 않고 관중들을 향해 "나치들은 꺼져라"라며 더욱 큰 소리로 욕했지만 관중들은 영어를 못 알아들었기 때문에 오히려 박수를 보냈다.

비틀스가 녹음한 최고의 성과물들은 함부르크 시절 작품이라는 말이 있을 정도로 비틀스는 함부르크에서 음악적으로 우뚝 섰다. 그 거친 무대에서 긴 시간 호흡을 맞추면서 비틀스는 점점 연주가 늘고 자신감이 생겼다. 자신들만의 스타일을 갖췄으며 그룹의 기량은 훨씬 더 단련됐고 발전했다.

또 이때가 존, 폴, 조지가 링고 스타와 처음 만난 때이기도 했다. 비틀스가 카이저켈러라는 클럽에서 연주할 당시 링고 스타도 로큰롤 밴드인 로리 스톰 앤 더 허리케인스과 함께 같은 장소에서 비틀스와 교대로 연주하고 있었다. 비틀스는 링고 스타의 힘찬 로큰롤 드럼 연주와 넉넉한 사람됨에 반했고 이때부터 좋은 친분을 쌓아나갔다.

하지만 함부르크에서의 공연 스케줄은 너무나 살인적이었다. 비틀스는 밤마다 휴식도 없이 일곱, 여덟 시간씩 무대에 올라야 했다. 밴드는 이런 피로와 스트레스를 풀려고 술에 손을 대기 시작했다. 뒤이어 웨이터들은 이들에게 잠을 쫓으라며 각성제 같은 약물을 갖다 줬다. 술과 약물을 상습 복용하면서 비틀스는 여자와 섹스에 탐닉하는 단계로까지 나아갔다.

한편 카이저켈러 클럽으로 옮겨 훌륭한 연주경험을 쌓아나가던 함부르크 여정은 뜻밖의 사건으로 갑자기 끝나 버렸다. 그들이 연주하고 싶어했던 톱텐 클럽에서 연주제의가 들어와 기뻐할 무렵, 조지 해리슨이 미성년자라는 사실이 발각되어 강제출국조치를 받은 것이었다. 이는 카이저켈러 클럽 주인이 비틀스 이적에 앙심을 품고 경찰에 신고했기 때문이었다.

이에 폴 매카트니와 피트 베스트는 클럽을 떠나기 전 숙소였던 밤비극장의 벽에 콘돔을 이용해 불을 질렀다. 이 불장난에 격노한 클럽 주인이 경찰에 신고했고 레퍼반 거리를 유유히 걸어가던 폴과 피트는 경찰에 붙잡혀 세 시간 동안 감방에 갇힌 뒤 추방당했다. 결국 존 레논은 그들을 따라 리버풀로 돌아올 수밖에 없었다.

반면 베이스 연주자였던 스튜어트 서트클리프는 독일인 여자친구 아스트리트와 결혼하기로 결심하고 그곳에 남았다. 베이시스트가 공석이 된 뒤 아무도 베이스를 맡으려 하지 않았고 폴 매카트니가 그 역할을 맡았다. 폴이 베이스 기타를 잡으면서 비틀스는 기타리스트 두 명, 베이스 기타 연주자 한 명, 드러머 한 명으로 이뤄진 4인조 록 밴드로 변모했다.

캐번 클럽과 브라이언 엡스타인

리버풀로 돌아온 비틀스는 카스바 클럽에서 공연을 다시 시작했고, 1961년 2월 21일 매튜 스트리트에 있는 캐번 클럽 Cavern Club에서 역사적인 첫 무대를 가졌다. 밴드는 캐번 클럽에서 주로 점심시간에 맞춰 연주했는데, 사무실에서 일하는 여성들이 공연을 보러 와서 춤을 추며 즐기기도 했다. 그 뒤 2년 동안 비틀스는 캐번 클럽에서 300회 이상의 라이브 공연을 치르며 많은 관객들을 끌어 모았다.

이로써 캐번 클럽은 영원한 비틀스의 근거지가 되었지만 그 밖에는 불러주는 이들이 없자 밴드는 1961년 4월 다시 함부르크에 갔다. 4월부터 7월까지 14주 동안 이어졌던 두 번째 함부르크 연주여행이었다. 비틀스는 이때 틈틈이 영국 가수이자 기타리스트였던 토니 셰리단의 정규 백업 밴드를 담당하며 톱텐 클럽에서 매일 밤 연주했다.

이 기간 동안 함부르크에서 비틀스는 토니 셰리단과 함께 몇 곡을 레코딩했으며, 그 가운데에는 얼마 뒤 비틀스의 매니저가 되는 브라이언 엡스타인의 주목을 끌었던 「마이 보니My Bonnie」도 끼어 있었다. 한편 비틀스가 리버풀로 돌아간 뒤 음반사 폴리도어는 토니 셰리단과 비트 브라더스라는 팀 이름으로 싱글 『마이 보니』를 출시했다.

비틀스가 다시 고향으로 귀환했을 당시 리버풀은 소녀 취향의 나긋나긋한 음악만 들려주는 섀도스 같은 밴드들로 가득했다. 하지만 비틀스는 달랐다. 두 번씩이나 함부르크에 체류하면서 비틀스는 훨씬 더 거칠어져 있었다. 에너지와 활기도 넘쳤다. 또 무대에서 재미있는 유머감각까지 보여주는 이들의 모습은 리버풀 음악 팬들에게 매우 신선한 자극제였다.

여느 때처럼 비틀스가 캐번 클럽에서 공연하던 어느 날이었다. 깔끔한 정장 차림의 한 영국 신사가 어둡고 담배연기 자욱한 캐번 클럽에 들어왔다. 그가 바로 브라이언 엡스타인이었다.

리버풀에서 손꼽히는 부자였던 브라이언 엡스타인은 당시 자신의 레코드 가게인 '넴스'를 운영하고 있었는데, 어느 날 젊은이 한 명이 와서 비틀스라는 그룹의 레코드를 찾았다. 엡스타인은 그 청년이 물어본 음반이나 밴드의 이름을 전혀 들어본 적이 없었다. 그러나 미처 체크해보기도 전에 다른 두 명의 소녀가 찾아와 같은 레코드를 다시 요청했다.

실상 그들이 찾았던 『마이 보니』는 앞서 봤듯이 함부르크에서 녹음된 데다가 비틀스가 아니라 비트 브라더스라는 다른 이름으로 나온 수입 싱글이었다. 그렇지만 리버풀 음악 팬들 사이에서 비틀스는 스타로 떠올랐고 그 과정에서 몇몇 사람이 그 싱글을 찾으러 리버풀에서 가장 큰 음반 가게였던 넴스에 갔던 것이었다.

음반 가게를 운영하면서 리버풀의 음악 잡지 『머시 비트 Mersey Beat』에 칼럼을 쓰는 등 나름대로 음악 산업에 상세하다고 자부하던 브라이언은 자존심에 상처를 입었다. 그래서 그는 꼼꼼하게 비틀스 기사를 찾아 읽었고 직접 기자를 초대해 밴드의 이야기를 들었다. 그리고 비틀스라는 거대한 음악적 움직임을 직감했다.

그리고 얼마 지난 11월 9일 점심시간, 브라이언 엡스타인은 관객들로 꽉 들어찬 캐번 클럽에 가서 비틀스의 공연 모습을 처음으로 지켜봤다. 연주가 끝난 뒤 그는 밴드 대기실에 들러 비틀스와 몇 마디 이야기를 나누었다. 대기실에서 마주쳤을 때 그들은 단번에 서로를 알아봤다. 사실 비틀스의 네 멤버는 모두 엡스타인의 레코드 가게를 자주 찾던 단골손님이었던 것이다.

이날 브라이언 엡스타인은 조지 해리슨으로부터 『마이 보니』가 폴리도어 레코드사에서 출시됐다는 이야기를 전해 들었고, 곧바로 다음날 독일에 연락해 싱글 앨범 200장을 주문했다. 첫 만남 뒤로 엡스타인은 한동안 캐번 클럽을 들락거리며 비틀스 공연을 지켜봤고, 두 달 뒤에는 그들의 매니저가 되었다.

매니저가 된 브라이언 엡스타인은 가장 먼저 비틀스의 의상을 교체했다. 불량스러운 데다가 우스워 보이기까지 했던 가죽옷 대신 산뜻한 회색 피에르가르댕의 정장으로 갈아 입혔고, 올백이었던 헤어스타일 역시 중성적 더벅머리로 교체했다. 로커 이미지를 모두 걷어버린 엡스타인은 본격적으로 비틀스의 레코드 계약을 추진했다.

하지만 데카Decca를 포함한 유럽의 거의 모든 음반사는 비틀스를 거부했다. 절박한 심정으로 마지막 문을 두드린 곳이 EMI의 산하레이블이었던 팔로폰이었다. 그러나 그마저도 쉽지 않았다. 담당 프로듀서 조지 마틴이 첫 접촉 이후에도 전화조차 받지 않는 등 별 관심을 보이지 않았던 것이다. 때문에 엡스타인은 몇 번이나 절망의 눈물을 흘렸고 마침내 자신의 가게에서 EMI 레이블의 음반을 취급하지 않겠다는 최후통첩을 했다.

브라이언 엡스타인의 대담한 협박에 힘입어 비틀스는 1962년 6월 애비로드 스튜디오에서 오디션을 치를 수 있었고 한 달 뒤 팔로폰과 계약했다. 당시 팔로폰에는 팝 아티스트가 단 한 명도 없었으며 비틀스의 프로듀서로 지정된 조지 마틴은 그전까지 가벼운 고전음악과 피터 셀러의 희극 음반 등을 제작했다. 록 음악에는 전혀 경험이 없었지만 조지 마틴의 고전음악 배경은 후에 비틀스의 스튜디오 실험작에서 현악 사중주와 다른 클래식 악기를 사용하는 데 결정적인 역할을 했다.

밴드가 막 상승기류를 타려던 이때 수수께끼 같은 일이 일어난다. 팀의 드러머 피트 베스트가 갑자기 쫓겨나버린 것이다. 그는 명백히 리버풀 팬들 사이에서 제일 인기 있던 비틀스 멤버였지만, 나머지 멤버 세 명과 프로듀서 조지 마틴이 피트를 빼고 싶어했던 것이 이유였다.

악역은 매니저 브라이언 엡스타인이 맡았다. 1962년 8월 16일 그는 피트 베스트에게 해고를 통지했다. 피트 베스트는 받아들일 수 없었지만 폴 매카트니와 조지 해리슨은 함부르크 시절부터 그의 연주가 마음에 들지 않았다. 비틀스가 연주할 때 피트는 이상하게도 늘 고개를 푹 숙이고 드럼을 쳤다. 그 모습은 어쩐지 다른 멤버들과는 달리 우울한 분위기가 감돌았다. 다채로운 드럼 연주가 나오지 않는 것도 불만이었다.

반면 링고 스타는 당시 최고의 드러머였으며 고개를 흔들며 유쾌하게 드럼을 연주했다. 존과 폴, 조지는 피트의 침울한 느낌보다는 링고의 밝은 모습에 더 끌렸다. 비틀스는 피트를 몰아내고 링고를 끌어들이려 갖은 노력을 했다. 이심전심으로 통해 마침내 링고 스타는 1962년 8월 비틀스의 마지막 멤버로 합류했다.

비틀스가 피트 베스트를 해고했다는 소식은 급속히 퍼져나갔고 리버풀에는 대혼란이 일어났다. 분노한 베스트의 수많은 팬들이 거리로 몰려나왔고 "우리는 피트를 원한다!"라고 적힌 플래카드와 피켓을 들고 브라이언의 음반 가게 앞에서 시위를 벌였다. 드러머를 교체해야 한다고 특히 더 강력히 주장했던 조지 해리슨은 캐번 클럽 출입구에서 피트 베스트의

한 팬에게 박치기를 당해 이마에 상처를 입기까지 했다.

이렇듯 우여곡절 끝에 링고 스타를 영입했지만 정작 9월 11일 비틀스가 녹음한 첫 싱글 『러브 미 두 / 피에스 아이 러브 유Love Me Do / P.S. I Love You』에는 링고의 드럼 연주가 들어가지 못했다. 링고 스타의 드럼 실력을 믿지 못한 조지 마틴이 앤디 화이트라는 세션 드러머를 기용해 싱글을 녹음했기 때문이다.

그리고 비틀스는 이듬해인 1963년 2월 11일, 데뷔앨범 『플리스 플리스 미Please Please Me』를 발표했다. 『러브 미 두 / 피에스 아이 러브 유』 레코딩 세션에서 탬버린만 흔들어야 했던 수모를 겪었던 링고 스타는 역사적인 비틀스 최초의 음반에서 모든 드럼 연주를 멋지게 소화했다.

훌륭한 작은 로큰롤 밴드

1963년이 되자 비틀스는 가파른 상승가도를 달렸다. 우선 전년도에 내놓았던 첫 싱글 『러브 미 두 / 피에스 아이 러브 유』가 10만 장이 팔리며 영국 차트 17위에 올랐다. 비틀스가 대중들에게 첫 선을 보인 데뷔앨범 『플리스 플리스 미』에는 로큰롤에서부터 리듬 앤 블루스, 걸 그룹 팝, 백인 팝 등 아주 다채로운 곡들이 실려 있었다.

비틀스는 처음부터 다른 그룹들과 너무나 달랐다. 데뷔 당시 이들은 이미 훌륭한 로큰롤 밴드이자 최고의 보컬 그룹이었다. 존 레논과 폴 매카트니, 조지 해리슨 모두 뛰어난 작곡자들이자 유능한 가수들이었다. 당시 존은 낮은 화음을 담당했고 폴은 높은 음, 조지는 중간 음을 맡았는데, 이는 미국 흑인 보컬 그룹을 빼고는 거의 없었던 형태였다.

비틀스의 음악적 영감은 기본적으로 로큰롤과 모타운 팝, 리듬 앤 블루스 같은 미국 흑인음악에 초점이 맞춰져 있었다. 엄청난 고성을 지르며 빠른 속도로 블루스를 연주했던 리틀 리처드, 스스로 곡을 쓰고 기타를 연주하면서 노래까지 불렀던 척 베리, 버디 홀리 등 로큰롤 선구자들과 코스터스, 드리프터스 같은 보컬그룹이 비틀스의 연습대상이었다.

미국의 백인 로커였던 버디 홀리도 그들에게 깊은 인상을 심어주었다. 척 베리와 마찬가지로 기타를 연주하며 노래하는 재주와 크리케츠라는 밴드 형식이 비틀스를 매료했다. 특히 버디 홀리가 스스로 곡을 만들어 부르는 싱어송라이터였다는 점도 영감의 대상이었다. 컨트리 듀오 에벌리 브라더스의 코러스 하모니 역시 모범이 되었다.

뿐만 아니라 비틀스는 제리 고핀과 캐롤 킹 콤비로 대변되는 뉴욕 브릴빌딩의 틴팬앨리 팝까지 참고하고 익혔다. 그 덕분에 이들은 록적이면서도 아름다운 선율이 있는 여러 명곡을 배출할 수 있었다. 정상의 밴드이기 이전에 열성 음악 팬이었던 비틀스는 바로 이런 모든 스타일을 섭렵하고, 그 음악에 열중하며 끊임없이 연습하고 모방했다. 그러나 그들은 단순히 그것을 재연하는 데 그치지 않았다.

초창기 비틀스 사운드는 앞서 살펴본 음악적 영향들의 집합에 다른 무언가를 더한 것이었다. 척 베리, 버디 홀리, 리틀 리처드의 로큰롤 패턴과 흑인보컬그룹들이나 에벌리 브라더스의 화음을 인용하면서도 항상 새로운 방식을 창조해냈다. 그들은 훨씬 더 강력하고 밝고 활기찬 에너지를 불어넣어 자신들만의 고유한 사운드를 만들어냈던 것이다.

그러한 밝은 분위기를 내기 위해 비틀스는 대부분 적당히 빠른 4/4박자 템포를 사용했다. 로큰롤 특유의 두 번째와 네 번째 비트에 강세를 주면서도 리듬과 비트를 좀더 거칠게 몰아갔다. 「아이 워너 홀드 유어 핸드I Want To Hold Your Hand」 같은 노래만 보더라도 달콤하고 나긋나긋하기만 하던 기존의 곡들과는 확연히 구별되는, 풋풋한 젊음의 에너지로 충만한 것이었다.

솔직하고 직접적이었던 가사도 강한 호소력을 지녔다. 주제는 옛 가수들의 노래들과 마찬가지로 사랑이었지만 표현방식에서는 그 차원이 달랐다. 「러브 미 두」 「피에스 아이 러브 유」 「아이 워너 홀드 유어 핸드」 같은 제목에서 보듯, 이들이 들려줬던 구체적이고 솔직한 가사는 엄숙함을 무너뜨리고 고루한 가사형식을 파괴했다. 이 곡들은 모두 달콤하기만 했던 당시의 팝송들과는 차원이 다른, 재기 발랄하고 활기 넘치는 곡들이었다. 특히 가사나 제목에 관점을 이동해 '미me'와 '유you'라는 1·2인칭 단어를 사용한 것과 사랑에 직접적이고 솔직한 어법들은 대중들로 하여금 더욱 친밀한 감정을 갖도록 했다. 아이디어의 승리였다.

곡 자체는 아주 명료했다. 기타 코드 역시 그리 어렵지 않았지만 비틀스는 그 단순한 코드에서 그 누구도 결코 예기치 못한 부분을 이끌어냈다. 멤버들의 뛰어난 화음과 코러스 덕이었다. 보컬 솔로가 이끌어나가고 그 뒤에 온갖 종류의 하모니를 동반한 백 보컬과 폭발적인 합창이 등장했다. 단순했지만 새로운 상상력이었다. 거기에 이들 네 명이 합창한 열렬한 목소리는 음악적으로 상승작용을 일으켰다.

비틀스의 초창기 대표곡 「쉬 러브스 유She Loves You」에 나오는 코러스 "예 예 예Yeah Yeah Yeah"는 그 시대의 가장 강력한 외침이었다. 밴드의 귀엽고 발랄한 모습과 행복해 보이는 텍스트들은 그렇게 십대뿐 아니라 그들의 부모 세대들까지도 이 로큰롤 그룹을 안심하고 받아들이게 만들었다.

비틀스 사운드가 가진 또 다른 두드러진 특징은 완벽한 '밴드 음악'이라는 것이다. 폴의 멜로딕한 베이스, 링고의 유쾌한 드럼, 조지의 경쾌한 기타 리드, 존의 심플한 리듬기타 등 악기 네 대가 그 어느 하나 튀지 않고 완벽한 앙상블을 이뤘다. 이것이 롤링 스톤스나 다른 그 당시 밴드들과 비틀스가 결정적으로 차이를 보이는 부분이다.

당시 비틀스를 제외한 모든 밴드들은 가수 한 명이 백밴드 여러 명을 동원하는 상하부 조직과 같았다. 그러나 비틀스는 멤버 전원이 평등한 위치에서 서로 격려하며 연주를 들려주는 민주적인 밴드였고, 연주 도중 누가 틀리더라도 결코 다시 시작하지 않았다. 이처럼 서로를 굳게 신뢰했던 비틀스는 각 파트에서 그 어떤 밴드보다 균형 있는 사운드를 들려줄 수 있었다.

무엇보다 비틀스는 멤버들은 개인적으로도 모두 뛰어났으

며 스스로 노래를 만들 줄 알았다. 자작곡을 부르고 연주한 첫 로큰롤 밴드였고 멤버 전원이 노래를 불렀다는 점은 감히 그 누구도 필적하지 못한 비틀스만의 강점이었다.

이러한 출중한 기량이 있던 비틀스가 영국을, 또 미국을 정복하는 일은 시간 문제였다. 그룹의 두 번째 싱글 「플리스 플리스 미」가 첫 차트 1위곡이 되면서 리버풀뿐 아니라 전국 어디서나 10대들이 이 밴드에 열광하기 시작했다. 그와 함께 비틀스도 리버풀을 벗어나 런던과 영국 전역으로 진출했다.

이어 세 번째로 공개한 싱글 「프롬 미 투 유From Me To You」도 정상에 올랐고, 비틀스의 영파워가 강렬히 분출된 후속 싱글 「쉬 러브스 유」가 나오자 예의 그 "예 예 예" 사운드는 영국 전역을 휩쓸었다. 계속해서 네 번째 싱글로 발매한 「아이 워너 홀드 유어 핸드」까지 4연속 넘버원을 기록하며 비틀스는 영국 음악계를 완전히 평정했다.

캐번 클럽의 원조 비틀스 팬들은 그들이 리버풀로 돌아오길 바랐지만 비틀스는 이미 커질 대로 커져 있었다. 이들은 런던에서의 생활을 즐기면서 애니멀스, 에릭 클랩튼, 롤링 스톤스 등과 음악적 교류를 나눴다. 비틀스가 한 단계씩 올라갈 때마다 멤버들은 매번 긴장하고 떨렸지만 늘 넷이 함께 있어서 편안했다. 그것은 '밴드 비틀스'였기 때문에 가능했던 일이었다.

비틀매니아

'상류사회'인 런던에 진출한 뒤부터 비틀스는 여러 공연과 TV쇼에 출연해 유머와 재치를 마음껏 뽐냈다. 또 언제나 단정한 모습과 깍듯한 인사로 콘서트를 열었으며 최선을 다해 열정적인 연주를 들려줬다. 그 가운데 가장 멋진 장면은 1963년 11월 4일 프린스 오브 웨일스 극장에서 있었던 로열 버라이어티 쇼에서 나왔다.

이 행사는 엘리자베스 영국 여왕과 마가렛 공주 등 왕족들과 그들을 보기 위해 음반산업, 의류업계 거물들이 많이 참석한 '귀족풍' 자선 공연이었다. 콘서트가 끝나갈 즈음 존 레논은 관객들을 향해 이렇게 말했다.

"마지막 노래에 앞서 부탁 말씀 드립니다. 싼 좌석에 앉아 계신 분들은 손뼉을 쳐주시고요. 나머지 분들께서는 갖고 계신 보석을 딸랑띨랑 흔들어주세요."

이 말이 끝난 뒤 레논은 장난꾸러기처럼 싱긋 웃으며 뒤로 슬쩍 빠졌고 이 모습을 본 청중들은 모두 환호했다. 다소 아슬아슬한 유머였지만 객석에 있던 레논의 익살에 여왕도 입가에 웃음을 띤 채 손을 흔들었다. 그리고 비틀스는 마지막곡인 「트위스트 앤 샤우트Twist And Shout」를 힘차게 연주했다.

한편 이때부터 그전까지와는 차원이 다른 엄청난 비틀스 열풍이 불어 닥쳤다. 끊임없는 비명과 환호와 흥분의 전염, 바로 열렬한 비틀스 애호가를 뜻하는 '비틀매니아'의 탄생이 그 것이었다.

1963년 10월 13일 비틀스는 런던 팔라듐 극장에서 공연했다. '런던 팔라듐의 일요일 밤'이라는 제목으로 텔레비전에 생방송됐던 이날 라이브 실황은 1천5백만의 영국 시청자가 지켜봤다. 그러나 콘서트 시작 전부터 몰려든 팬들 때문에 극장과 그 앞길은 하루 종일 아수라장이었다. 팬들이 가져온 선물과 전보더미로 무대의 문은 아예 막혀버렸으며 수천 명이 내지르는 비명으로 인해 극장 안 스태프들은 리허설도 제대로 치르지 못했다.

상황이 이 정도에 이르자 다른 방송국들이 이 사상 초유의 현장을 담기 위해 재빨리 보도진을 파견했다. 반면에 준비 안 된 경찰들은 군중 통제력을 완전히 잃었다. 공연을 마친 비틀스는 출입구가 차단됨에 따라 무대 뒷문을 통해 탈출해야 했고 경찰의 보호를 받으며 차가 있는 곳까지 전력으로 달렸다.

다음날 모든 신문은 광적인 군중들의 사진과 기사를 1면에 실었고 그 가운데 『데일리 미러』지는 전례 없던 그 대혼란을 묘사하려고 비틀매니아Beatlemania라는 용어를 처음으로 내보냈다. 간단히 말하자면 비틀매니아는 오랫동안 억눌려 있던 젊은이들의 감정이 폭발한 현상이었다.

영국의 1960년대는 기존의 가치관에 대항하는 대중적인 분위기가 형성된 시기였다. 비틀매니아 현상은 그러한 과도기적 배경이 없었다면 불가능했다. 1950년대 중·후반까지만 해도 영국은 커다란 경제적 어려움을 겪어야 했다. 경제정책이 실패로 돌아가면서 많은 10대들은 학교를 마치고 몇 년이 지나도 일자리를 얻을 수 없었다. 때마침 군대 징집까지 폐지되자 젊은이들은 정신적 공황에 빠졌다. 그들은 시간은 많았지만 앞날은 없었다.

링고 스타는 당시의 상황을 "징병이 끝나는 바람에 18세라도 입대할 수 없었다. 모두가 무엇을 해야 할지 몰랐다"고 회고했다. 하지만 징집 폐지는 역설적으로 1960년대 영국에서 로큰롤이 성장할 수 있는 기폭제가 되었다. 군에 입대하지 않은 첫 세대였던 그 당시 젊은이들이 갑자기 늘어난 시간을 보내기 위해 음악으로 눈을 돌렸기 때문이다. 음악은 구원이자 출구였다. 거리마다 밴드들이 연주했고 그래서 어디서나 음악을 들을 수 있었다. 때마침 1960년대에 접어들면서 영국 경제는 부흥기를 되찾았다.

사회가 호황을 이루자 젊은이들의 사고는 더욱 더 자유분방해졌고 미니스커트 등 새로운 생활방식도 차츰 확산됐다. 동시에 대중문화도 주목 받았으며 이때 결정적으로 비틀스가 등장했다. 이와 관련해 대중음악학자 데이비드 자트마리는 록 연구서 『어 타임 투 록』에서 "비틀매니아의 기원은 전쟁 중과 전후의 베이비붐 세대와 영국 노동자 계급 젊은이들이 경험한 경제적 억압에 있었다"라고 분석했다.

비틀매니아가 유행하면서 영국 순회공연에서는 매일 밤 정신을 잃은 관객들의 모습을 볼 수 있었다. 이듬해 그 뜨거운 열기는 미국으로 건너갔다. 그때까지 비틀스의 앨범을 출시하지 않았던 미국 캐피톨 레이블은 1964년 1월, 거액의 홍보비를 투자해 미국 출시용 음반 『미트 더 비틀스Meet The Beatles』를 내놓았고, 싱글 커트된 「아이 워너 홀드 유어 핸드」는 처음으로 미국 팝 차트를 정복했다.

2월 9일 비틀스가 CBS TV의 에드 설리번 쇼에 출연해 공연 모습을 공개했을 때 미국은 순식간에 그들에게 사로잡혔다. 사회자 에드 설리번이 "비틀스입니다!"라고 외치자 자리에 있던 방청객 728명은 한꺼번에 함성을 내질렀다. 당시 미국 인구의 40%였던 7천3백만 시청자가 이 장면을 목격했고, 이튿날 이 '사건'은 모든 일간지의 헤드라인을 장식했다.

밴드의 성공적인 미국 데뷔를 축하하려 엘비스 프레슬리가 축전까지 보냈지만 당시 미국 언론의 반응은 엇갈렸다. 『헤럴드 트리뷴』은 "75%의 홍보, 20%의 헤어스타일, 5%의 경쾌한 노래"라고 논평했고, 일부 보수인사들은 "비틀매니아는 일시적인 현상이며 곧 사라질 것"이라고 예측했다. 반면 『뉴스위크』는 "비틀스는 긍정적인 매력을 주고 아이들에게 울분을 토해낼 기회를 제공한다면서 그들은 귀엽고 안전하다. 겨우 '네 손을 잡고 싶어'라고 요구할 뿐이지 않은가"라고 평가했다.

미국에서 비틀매니아는 영국과는 조금 다른 배경 속에서 터져 나왔다. 영국의 경우는 가치관의 변화와 경제성장이 비틀매니아를 자극했다면 미국의 비틀매니아는 무언가 새로운 돌파구에 대한 갈망에서 비롯되었다. 미국의 록 음악 팬들은 1950년대 로커빌리와 블루스에 기반을 둔 강렬한 로큰롤 비트를 기억하지만 더 이상 들을 수는 없었다. 1959년 로큰롤이 일순간에 사라졌기 때문이다. 이른바 '로큰롤의 죽음'이었다.

로커빌리의 원조였던 엘비스 프레슬리는 갑자기 군에 입대해 팬들을 실망시키더니 제대 후에는 온순한 사람이 되어 얌전한 팝 발라드를 불렀다. 버디 홀리와 리치 발렌스는 비행기 추락사고로 한꺼번에 목숨을 잃었고 척 베리는 미성년자 성폭행 혐의를 뒤집어쓰고 감옥에 수감되었다. 리틀 리처드는 기독교에 귀의해 가스펠로 전향했다. 사촌 누이와 결혼했던 제리 리 루이스는 비난을 견디다 못해 로큰롤을 등졌다.

로큰롤 죽이기에 앞장섰던 페이올라 청문회도 결정적인 악재였다. 청문회 과정에서 흑인음악과 로큰롤을 적극 후원했던 디제이 앨런 프리드가 레코드사로부터 돈을 받았다는 혐의를 받고 사회적으로 매장 당하자 이때부터 라디오 디제이들은 방송에서 로큰롤을 트는 것 자체를 주저했다. 달콤한 10대 취향의 팝이 그 시대를 장악해나갔고 비치 보이스의 서프 사운드와 프랭크 시내트라 류의 스탠더드, 걸 그룹의 사랑 노래가 나머지를 채웠다.

1963년 11월 케네디 대통령 암살사건 역시 비틀매니아를 촉발시킨 커다란 요인이다. 케네디를 잃은 상실감으로 젊은이들은 가슴이 뻥 뚫리는 슬픔에 빠졌고 어둡고 암울한 생활을 해야 했다. 미국의 진보 정신이 산산이 부서진 것이었다. 이때 등장한 비틀스는 잿빛이었던 미국을 환하게 밝혀줬다. 데이비드 자트마리는 "재미있고 사랑스러웠던 비틀스는 케네디 사망 후 미국을 집어삼켰던 염세주의에 완벽한 치유책 같았다"라고 말했다.

아메리칸 스타일의 비틀스 열성팬은 영국보다 훨씬 더 광적이고 과격했다. 비틀스와 똑같은 옷을 입고 머리 스타일을 그대로 따라 하는 것은 기본이고 공연장에 몰려들어서는 담장을 무너뜨렸다. 밴드는 흥분의 도가니였던 콘서트 현장에서 안전하게 빠져나가려고 구급차를 이용해야만 했다.

샌프란시스코 공연장에서는 비틀스의 리무진을 둘러싼 팬들 때문에 급기야 차 지붕이 폭삭 주저앉고 말았다. 결국 밴드는 긴급히 근처에 있던 앰뷸런스로 갈아타고 공연장을 빠져나갔다. 비틀스가 묵던 호텔 방문의 손잡이는 그들이 만졌던 그 어떤 것이라도 훔치고 싶었던 팬들 때문에 죄다 떨어져나갈 지경이었다.

엘비스 프레슬리의 경우처럼 소녀들이 스타에 열광했던 광경은 일찍이 있었지만 비틀매니아만큼 엄청난 팬의 규모는 그 전에도 그 후에도 없었다. 오직 비틀스만이 그처럼 구름떼 같은 수많은 군중을 몰고 다녔다.

꿈에 그리던 미국 진출

영국에서 불어온 비틀스 열풍이 미국을 순식간에 집어삼켰지만 비틀스의 미국 진출은 당초에 그렇게 쉽지는 않았다. 일단 멤버들 자체가 처음엔 미국에 가기 두려워했다. 심지어 그들은 매니저인 브라이언 엡스타인한테 자신들의 곡이 미국 차트 1위에 오르기 전에는 미국에 가지 않겠다고 말하기도 했다. 이미 클리프 리처드 같은 많은 영국 가수들이 대서양 건너 미국 시장에 도전했다가 번번이 실패했기 때문이다.

실제로 1963년 비틀스는 영국에서 4연속 넘버원 싱글을 배출하면서 영국 최고의 인기 밴드로 떠올랐지만 미국에서는 그들의 존재조차 제대로 알려지지 않았다. 「플리스 플리스 미」 「프롬 미 투 유」 「쉬 러브스 유」 등 영국에서는 모두 1위를 기록한 곡들을 차례로 미국에 내놓았지만 다 맥없이 자빠졌다. 음반 배급을 스완, 비제이 같은 작은 레이블에 맡겼다가 망한 것이었다.

그렇지만 비틀스가 영국과 유럽을 휩쓸고 있다는 뉴스를 접한 캐피톨 음반사가 앨범 『미트 더 비틀스』와 싱글 「아이 워너 홀드 유어 핸드」를 발표했다. 그전의 중소 레이블과 달리 캐피톨은 많은 홍보비를 투자했고 그들의 기대대로 「아이 워너 홀드 유어 핸드」는 미국을 정복했다.

1964년 1월 14일 비틀스는 프랑스 파리에 있었다. 공연을 마치고 호텔에서 쉬고 있던 비틀스에게 미국 캐피톨 레코드에서 보낸 한 통의 전보가 날아들었다. 내용은 아주 짧고 간단했다. "축하합니다, 친구들. 미국 차트 정상에 올랐습니다."

비틀스 멤버들은 너무나 기뻐서 펄쩍펄쩍 뛰었고 로드매니저 등 위에 올라타 행복을 만끽했다. 매니저 브라이언 엡스타인은 한밤중에 전화로 조지 마틴을 불러내 밤새 술을 마시며 미국에서의 1위를 자축했다. 마침 비틀스는 파리에서 런던을 잠시 거쳐 미국에 가기로 예정되어 있었는데 고대하던 차트 1위까지 차지했으니 기쁨이 두 배였다. 이제 비틀스는 마음 푹 놓고 미국에 갈 수 있었다.

마침내 비틀스는 1964년 2월 7일, 수많은 소녀팬들이 소리치며 배웅하는 가운데 런던 히스로 공항을 출발해 미국으로 향했다. 비행기 안에서부터 비틀스는 흥분과 기대로 들떠 있었다. 그리고 과연 뉴욕 존 F. 케네디 공항에 첫 발을 내딛자

그들을 기다리던 3천여 명의 팬들이 비틀스를 열광적으로 환영했다

2월 9일 뉴욕에서 에드 설리번 쇼에 첫 출연한 것을 시작으로 비틀스는 20일 남짓한 기간 동안 워싱턴 콜리시엄 콘서트, 영국 대사관 연회 참석, 뉴욕 카네기홀에서 두 번의 공연, 마이애미에서 두 번째 에드 설리번 쇼 출연, 미국의 권투영웅 무하마드 알리 훈련장 방문 등 숨 가쁜 미국 일정을 소화했다. 이 당시 비틀스는 「쉬 러브스 유」「플리스 플리스 미」「프롬 미 투 유」「아이 워너 홀드 유어 핸드」「아이 소 허 스탠딩 데어I Saw Her Standing There」「올 마이 러빙All My Loving」「디스 보이This Boy」 등 흥겨운 로큰롤부터 감미롭고 보컬하모니가 돋보이는 곡까지 다채로운 레퍼토리를 연주하며 미국 팬들의 성원에 보답했다.

그와 같은 굵직굵직한 이벤트 외에도 비틀스는 몰려드는 각종 인터뷰와 사진 촬영, 기자회견에 임해야 했다. 하지만 밴드는 그 어떤 때보다도 기뻤다. 미국은 로큰롤과 엘비스 프레슬리의 나라였고 그들이 꿈에 그리던 환상의 세계였다. 리무진을 타고 행사장에 가면서도 길거리에 몰려든 팬들을 보며 흐뭇해했고 밤에는 댄스클럽에 가서 여흥을 즐겼다.

또 마이애미에서는 따뜻한 햇살을 만끽했다. 그것은 영국에서 단 한 번도 겪어보지 못한 놀라운 경험이었다. 주로 어둡고 침침한 클럽에서 공연해왔던 비틀스에게는 강렬한 태양이 내리쬐는 마이애미가 천국과도 같은 곳이었다. 그들은 야자수

가득한 해변가에서 아이들처럼 서로 사진도 찍고 해변을 거닐고 수영도 하고 요트도 탔다.

무하마드 알리의 훈련캠프 방문을 끝으로 모든 미국 일정을 마친 비틀스는 1964년 2월 22일 영국 런던으로 돌아갔다. 여러 사람이 문을 두드렸으나 매번 무릎을 꿇었던 미국 시장. 네 명의 리버풀 젊은이들은 풋풋한 젊은 패기와 넘치는 자신감으로 그 난공불락의 땅, 미국을 정복했다. 이에 소녀팬들은 히스로 공항을 꽉 메운 채 고국으로 개선한 비틀스를 감격스럽게 맞아주었다.

소녀들뿐 아니라 영국의 정치인들과 왕족들까지도 비틀스의 귀환을 환영했다. 하지만 그들은 비틀스가 미국에서 따 내온 엄청난 경제적 이득에만 관심이 있었다. 당시 총리였던 보수당의 알렉 더글라스 홈은 비틀스를 일컬어 "영국 최고의 수출품이며 채무 상환에 큰 도움이 되었다"라는 속 보이는 발언도 마다하지 않았다.

미국에서 돌아온 지 채 얼마 지나지 않아 비틀스는 영화 출연이라는 새로운 영역에 도전한다. 3월 2일부터 밴드는 런던 근교의 어느 기차역에서 그들의 첫 장편영화 '어 하드 데이스 나이트A Hard Day's Night'를 찍기 시작했다. 그전부터 영화에 관심이 있었던 비틀스는 이 작품에 출연해 주인공이 되어 직접 연기도 하고 노래도 불렀다.

인기에 편승해 무작정 스크린에 데뷔하는 여느 아이돌 스타들과 달리 비틀스는 영화에 대한 분명한 목표가 있었다. 어렸을 때 비틀스는 엘비스 프레슬리 영화를 보러 다녔고 커다란 스크린에 나오는 엘비스의 모습을 보고 소리를 지르며 열광했다. 그와 같이 비틀스는 음반뿐이 아니라 자신들이 등장하는 영화로 팬들을 기쁘게 하고 싶었다.

그렇다고 남들처럼 단순히 허구의 역할을 맡는 게 아니었다. 비틀스는 자신들의 바쁜 일상을 영화 속에서도 고스란히 연출했다. 활기찬 콘서트 장면과 팬들의 아우성을 피해 도망치는 익살스런 모습, 기차 안에서 벌어지는 유쾌한 풍경, 쏟아지는 기자들의 질문공세에 지루해하는 표정, 또 매니저 몰래 나이트 클럽에 가서 파티를 즐기는 자유분방한 면모 등을 그대로 보여주었다.

명백히 자발적인 프로젝트였던 터라 비틀스는 영화 촬영 내내 즐거워했다. 결과로 이 작업은 또 하나의 진보였다. 훗날 '어 하드 데이스 나이트'는 음악 다큐멘터리 역사에서 빼놓을 수 없는 고전으로 남았다. 그 뒤로도 비틀스는 '헬프!' '매지컬 미스터리 투어' '렛 잇 비' 등 각양각색의 영화 몇 편을 더 공개하며 팬들에게 비틀스를 스크린과 브라운관으로 볼 수 있는 좋은 기회를 제공했다.

이 영화 촬영을 인연으로 나중에 링고 스타는 배우와 제작자로도 데뷔했으며 조지 해리슨은 아예 영화사를 차리기도 했다. 또한 해리슨은 이 영화 촬영 도중 학생으로 출연한 아름다운 모델 패티 보이드를 만나 열렬한 구애 끝에 데이트를 하기 시작했고 얼마 뒤 그녀와 결혼에 골인한다.

한편 이즈음 존 레논은 첫 번째 책 『그 자신의 글In His Own Write』을 영국에서 출간했다. 존의 글과 그림을 엮은 이 책은 그만의 진정한 독창성을 보여준 수작이었다. 루이스 캐럴에게 영향을 받은 난센스 시들과 그로테스크한 풍자 만화, 장난기 가득한 짧은 스토리들은 비평가들에게 강한 인상을 남겼다.

『타임스 문학 특집』은 "영어와 영국의 상상력의 황폐화를 두려워하는 사람들이라면 관심을 가질 만하다"라고 평했으며, 익살 넘쳤던 존 레논의 그림은 루마니아 출신의 풍자만화가 사울 스타인버그나 미국의 유머 작가 제임스 터버와도 비교되었다.

새로운 세상에 눈뜨다

　1964년 여름 비틀스는 첫 세계 순회 공연길에 올랐다. 밴드는 6월 4일부터 30일까지 덴마크를 시작으로 네덜란드, 홍콩, 호주, 뉴질랜드 등 다섯 개 나라를 돌며 콘서트를 열었고, 8월부터는 총 32일에 걸쳐 미국 전역을 순회하며 23개 도시에서 공연했다. 그 사이 미국에서 비틀매니아의 열기는 더욱 뜨거워져 있었다.

　미국 군중들은 공항서부터 호텔, 콘서트 현장까지 비틀스를 완전히 에워쌌다. 호텔 에어컨 환기구에 숨어드는 소녀가 있는가 하면 서로 밀다가 여러 사람들이 부상을 입었고, 일부 극성팬들은 심지어 비틀스가 탑승한 비행기의 날개 위에 올라가는 위험천만한 일도 있었다.

처음엔 비틀스도 무척 즐거워했다. 미국에서의 성공에 흥분했고 차트 1위, 순회공연의 기쁨을 만끽했다. 아무리 광적인 행동을 해도 자신들에 환호하고 몇 시간씩이나 자신들을 기다려주는 '진짜' 팬들에게 비틀스는 진심으로 감사했다. 이들은 프로였고 준비된 팝스타였다. 빡빡한 투어 스케줄이라고 해봤자 끝없이 연주해야 했던 함부르크의 일정에 비하면 아무것도 아니었다.

오히려 비틀스는 더 많은 관객들에게 쇼를 보여주려고 예전처럼 극장이 아니라 스타디움에서 공연을 하기로 결정했다. 하지만 몇 가지 문제가 생기고 있었다. 25분에서 30분이라는 짧은 공연 시간 동안 비틀스는 종종 너무 흥분해서 곡을 너무 빨리 연주할 때가 많았다. 더 큰 골칫거리는 공연 내내 관중들이 비명을 질러서 자신들의 사운드를 들을 수 없었다는 것이다. 때문에 비틀스는 스스로 얼마나 빨리 연주하는지도 몰랐다.

바깥 세계와 차단된 채 호텔에서만 숨어 지내야만 하는 것 또한 견디기 힘들었다. 원하는 것이라면 무엇이든지 그 안에서 모두 허용되었다고 해도 호텔방을 떠날 수 없었던 비틀스는 감옥에 갇힌 죄수나 다름없었다. 그들이 할 수 있는 건 기껏해야 침실에 모여 앉아 기타를 치고 카드놀이를 하는 것뿐이었다.

"호텔 방안의 욕실만이 우리가 평안을 얻을 수 있는 유일한 안식처였다."(조지 해리슨)

만나고 싶지 않은 사람들을 만나야 하는 것과 하기 싫은 것들을 해야 한다는 것 역시 비틀스에게 끔찍한 일이었다. 간신히 팬들을 물리치면 낯설고 멍청하기 그지없는 시장이나 고위급 인사와의 만남이 기다리고 있었고 호텔 직원이나 미국 경찰들의 사인공세에 시달렸다.

이때부터 비틀스는 대규모 순회공연에 염증을 느끼기 시작했다. 그런데 이렇듯 녹초가 되어가던 그룹에 새로운 자극을 준 사람이 있었으니, 바로 미국의 포크 가수 밥 딜런이었다. 딜런은 비틀스의 미국 투어 마지막 날이던 1964년 9월 20일 뉴욕 콘서트장을 방문했다.

"뉴욕에서 밥 딜런을 만났다. 마리화나를 '정말로' 피운 것은 그때가 처음이었다. 우리는 웃고, 웃고 또 웃었다. 정말 굉장했다."(링고 스타)

비틀스는 이미 리버풀에 있을 즈음부터 대마초를 알고 있었지만 그 효과를 믿지 않았다. 하지만 그들은 밥 딜런이 권유한 마리화나를 받아들였고, 거짓말 같은 효과를 경험했다. 그 때문에 딜런은 비틀스에게 대마초를 소개한 주인공으로 역사에 기록되기도 했다.

하지만 밥 딜런은 본래 비틀스 멤버 모두의 음악적 우상이었다. 비틀스는 1964년 1월 프랑스 파리에서 딜런의 앨범 『프리윌링Freewheelin'』을 구해서 들었고 그때부터 그 음악을 계속 따라 해보고 연습했다. 밥 딜런은 곡조만큼이나 노랫말도 중요하다는 것을 비틀스에게 보여줬다. 그의 자기고백적 가사와 이야기체 스타일은 특히 존 레논에게 많은 영향을 미쳤다.

"정확히 언제인지는 모르지만 그 즈음 나는 개인적인 감정을 생각하기 시작했다. 내 자신을 표현하려고 노력했다. 그걸 깨닫게 도와준 이가 딜런이었다. 토론을 통해서가 아니라 그가 부르는 노래를 듣는 것만으로 그렇게 됐다. 그 뒤 나는 객관적인 측면이 아닌, 주관적인 견지에서 곡을 쓰게 되었다." (존 레논)

그렇지만 영향력은 일방적으로 흐르지 않았다. 비틀스의 영웅이었던 밥 딜런도 이들의 에너지에 감화되었다. 딜런은 비틀스 음악을 들은 뒤 활력 넘치는 록 사운드에 매료됐고 통기타 대신 전기 기타를 잡고 포크 록을 연주했다.

"콜로라도로 차를 몰고 가는 도중 라디오에서 비틀스 노래를 들었다. 톱10 히트곡 중 여덟 곡이 그들 것이었다. 비틀스는 예전에 그 누구도 하지 못했던 일을 하고 있었다. 그들의 음악은 정말 굉장했다. 많은 사람들은 비틀스 음악을 두고 '10대 지향적이며 머지않아 사라져 버릴 거품에 지나지 않는다'고 말했지만 나는 그들이 지속적인 파워를 지니고 있다는 것을 느꼈다. 또한 그들이 앞으로 음악이 나아갈 방향을 정확히 제시하고 있다는 것을 알았다."(밥 딜런)

미국 진출과 대규모 순회공연, 그 와중에 음반까지 녹음하면서 숨 가쁘게 1964년을 보낸 비틀스는 이듬해 초 바하마의 해변과 오스트리아의 스키장에서 '어 하드 데이스 나이트'에 이은 두 번째 영화 '헬프!Help!'를 촬영했다. 컬러영화였던 '헬프!'는 어느 부족이 링고 스타가 낀 반지를 찾기 위해 벌이는 소동을 다루고 있는 희극이었다.

1965년 2월부터 6월까지 이어졌던 비교적 긴 제작기간은 지쳐있던 비틀스에게 황금 같은 휴식시간이었다. 이들은 바하마의 해변에서 망중한을 즐겼으며 오스트리아에서는 순백의 눈밭에서 마음껏 스키를 타며 오랜만에 웃음꽃을 피웠다. 저녁 시간만 되면 밥 딜런에게 배운 대마초를 피며 긴장을 풀었다.

영화 '헬프!'는 비틀스에게(엄밀히 말하면 조지 해리슨에게) 인도印度라는 새로운 세계와 대면하게 했다는 공을 세웠다. 그들은 촬영 도중 인도 문화를 대하고 눈이 번쩍 띄었다. 극중 링고의 반지가 무슨 의미를 지닌 것인지 알아보려고 인도 레스토랑에 가는 장면을 찍을 때였다. 그 촬영장에서 비틀스는 인도 밴드가 인도의 고유 현악기인 시타르와 함께 연주하는 모습을 봤고 특히 조지 해리슨은 그 장면을 아주 흥미롭게 지켜봤다.

촬영 현장에서 시타르 연주를 처음 들은 조지는 얼마 뒤 런던의 어느 인도 기념품점에서 값싼 시타르를 사서 혼자 연습하기 시작했다. 그런 다음 1966년에 나올 비틀스 앨범 『러버 소울Rubber Soul』의 수록곡 「노르웨지언 우드Norwegian Wood」에서 서양 대중음악 사상 최초로 인도 악기 시타르를 사용했다.

이에 그치지 않고 조지 해리슨은 시타르의 명인 라비 샹카르와 만나 그의 제자가 되어 정식으로 시타르를 배웠다. 런던에서 짧은 시타르 레슨을 받은 뒤 1966년에는 직접 인도에 가서 약 2개월 동안 라비 샹카르에게 시타르를 사사 받았다. 그 뒤로도 해리슨은 평생 인도 음악과 인도 종교를 탐구하면서 서양 사람들에게 인도의 신비를 전했다.

영화 '헬프!' 촬영 작업이 조지에게 인도 음악을 선물했다면 존 레논에게는 자의식의 각성을 자극했다. 레논은 영화와 사운드트랙 작업을 하면서 그런 '제조된' 영화나 사운드트랙이 그들의 최상의 결과물이 결코 아니며 자신들이 원하는 것이 아니라는 걸 깨달았다. 때문에 무언가 결정을 내려야 했지만 그는 불안하기만 했다. 쇠약해졌고 우울해졌다. 존의 그런 절망적인 심리상태를 그대로 반영했던 곡이 바로 「헬프」였다.

"비틀스의 모든 것들이 내 이해범위를 넘어섰다. 난 돼지처럼 먹고 마시기만 했고 진짜 돼지처럼 뚱뚱해졌다. 내 자신이 절대적으로 불만스러웠고 잠재의식 속에서 나는 '도와줘!'라고 외치고 있었다."(존 레논)

한편 1965년 6월, 총리 해럴드 윌슨이 이끄는 영국의 새 노동당 정부가 비틀스에게 'MBE'(Members Of The Order Of British Empire)를 수여하기로 발표했다. 이른바 '대영제국' 5등 훈장이었던 'MBE'는 예술가에게 주는 상이 아니었다. 왕실이 전쟁 영웅이나 귀족 또는 부자들에게만 주던 메달이었으며, 그 가운데서도 산업훈장에 가까웠다.

그 때문에 소식이 전해지자마자 과거 수상자들은 'MBE'의 격이 떨어졌다고 심하게 반발하며 앞 다투어 훈장을 반납했다. 반면 시민들은 "과거 수많은 사람들이 받았는데 외화를 잔뜩 벌어다 준 비틀스가 왜 안 되냐"며 그들이 받을 자격이 충분하다는 반응을 보였다. 사실 비틀스는 'MBE'가 뭔지조차 몰랐지만 어찌됐든 버킹엄 궁에서 엘리자베스 여왕에게 그 훈장을 받았다.

콘서트 중단과 스튜디오 실험

1965년 8월 15일 비틀스는 밴드 역사상 최고의 공연을 치렀다. 미국 프로야구팀 뉴욕 메츠의 경기장이던 셰이 스타디움에서 펼친 콘서트였다. 5만 5천 명을 넘을 정도로 역대 가장 많은 관객들이 모인 이 자리에서 비틀스는 「트위스트 앤 샤우트」 「아이 필 파인I Feel Fine」 「베이비스 인 블랙Baby's In Black」 같은 곡으로 광란의 연주를 들려줬다.

공연 시작부터 끝까지 관객들의 함성소리가 끊이지 않았고 흥분한 팬들이 실신해서 끌려 나갈 정도로, 정말 다시 없을 열정적인 콘서트였다. 특히 폴 매카트니가 「아임 다운I'm Down」을 부를 때, 미친 듯이 웃으며 팔꿈치로 건반을 연주했던 존 레논은 거의 정신 나간 사람처럼 보였다. 옆에 있던 조지 해리슨도 웃느라 코러스를 제대로 따라 부르지 못할 정도였다.

이렇게 점차 새로운 세상에 눈뜨고 혼돈과도 같은 공연을 겪으면서 비틀스는 날이 갈수록 성장해갔다. 10대의 직접적인 사랑 표현과 발랄한 하모니로 팬들을 사로잡은 비틀스는 밥 딜런의 음악을 계기로 훨씬 성숙해졌다. 음악적 태도도 변화했다. 사랑과 삶과 음악을 다른 방식으로 생각하기 시작했으며 그 표현양식을 차차 바꿔 나갔다.

밴드의 트레이드마크였던 직설적인 사랑 표현이 상징과 내적인 고백으로 변했다. 「러브 미」처럼 웬만한 초창기 노래들은 제목만 봐도 가사나 주제를 알 수 있었지만 앞으로는 더 이상 예측하기 어려워졌다. 구체적인 통계를 살펴보면 변화를 확인할 수 있다.

1962년부터 1965년까지 그들이 작곡한 76곡 중에서는 74곡이 사랑 노래였지만, 1966년부터 1970년까지 만든 120곡 중에서는 겨우 38곡이었다. 3분의 1로 감소한 것이다. 러브송 대신 그들은 소외감이나 도피, 반문화, 약물의 효과, 어린 시절 리버풀의 기억, 급진적인 정치견해 등을 노래하기 시작했다.

그처럼 노랫말은 차츰 다른 가능성을 타진했고 철저하게 청중들 취향에 맞췄던 음악 스타일도 이제 곧 자기만족을 위한 음악으로 바꿔나간다. 그 신호탄이 바로 1965년 10월부터 녹음했던 앨범 『러버 소울』이었다. 사용한 악기도 확연히 증가했다. 비틀스는 기타 세 대와 드럼 세트, 하모니카, 피아노 같은 전통적인 팝 악기들을 시타르, 첼로, 오케스트라, 브라스

섹션, 오르간, 레코더 등 다른 악기들로 대체했다.

이렇듯 비틀스는 종전과는 다른 기획을 쏟아냈고 이들의 프로듀서였던 조지 마틴이 그 생생한 아이디어를 세련되게 다듬었다. 따라서 음악은 훨씬 더 복잡해지고 폭넓어졌다.

"모든 것이 바뀌고 있었다. (음악적) 방향은 「땡큐 걸」「프롬 미 투 유」「쉬 러브스 유」같은 예쁘장한 작품에서 벗어나고 있었다. 초창기 곡들은 '이 음반 꼭 사 주세요'라고 말하는 듯하며 팬들과 직접 연관되어 있었지만 이제는 우리가 생각하는 그 지점에 도달했다."(폴 매카트니)

나오는 앨범마다 획기적이었지만 그 가운데서도 특히『러버 소울』은 비틀스의 독특한 창조력과 작곡 능력이 활짝 핀 작품이었다. 매카트니가 말한 대로『러버 소울』에서 밴드의 야심은 '예 예 예'로 대변되는 사랑노래와 팝 음악 형식 밖으로 사운드를 확장하는 것이었다. 비틀스는 악기 실험을 통해 새로운 소리와 새 가능성을 찾으려고 끊임없이 시도했다.

『러버 소울』에 실렸던 노래「더 워드The Word」에서 존 레논의 가사는 소년소녀를 위한 것들에서 '지구촌 문제의 해답이라는 사랑'으로 선회했다. 존은 그 곡에서 '오직 사랑이라는 단어만이 당신과 세상을 해방시킬 수 있다'고 말했으며 이 힌트는 후에「올 유 니드 이스 러브All You Need Is Love」로 이어진다.

프랑스어를 사용한 폴 매카트니의「미셸」은 여성을 찬미한 전통적인 패턴이었지만 하모니가 새롭게 바뀌었고 무엇보다

제3자의 이름을 제목으로 사용한 첫 비틀스 노래였다. 또 폴은 「예스터데이」 이후 더욱 더 아름다운 멜로디와 정교한 코드진행을 창조해냈다. 「노르웨지언 우드」에서는 조지가 시타르를 도입해 이국적인 분위기를 냈다.

음악적으로 성장해나가는 것에 반비례해서 비틀스는 순회공연에 싫증과 회의를 느꼈다. 밴드는 이제 누구도 그들의 연주를 듣지 않는다는 걸 알았다. 관객들이 비틀스의 음악을 들으러 오는 것이 아니라 '보러' 와서 콘서트 내내 소리만 질렀다. 그리고 똑같은 히트곡만을 기계적으로 반복하는 상황에 불만과 고통이 커질 대로 커졌다. 게다가 1965년 이후 비틀스는 무대 위에서 연주 도중 매번 실수를 저지르곤 했다.

"매일 똑같은 쓰레기를 연주하면서 음악적으로 점점 악화되고 있었다. 만족감 같은 건 전혀 없었다."(조지 해리슨)

"어떤 때는 스스로 아주 끔찍한 공연이었다는 생각이 들었다. 다른 사람들이 우리를 싫어하게 되기 전에 우리가 자진해서 포기해야 한다고 결정했다."(링고 스타)

결국 미국 진출 뒤 1964년부터 약 2년 동안 전 세계를 돌며 활발하게 투어활동을 벌였던 비틀스는 1966년 8월 샌프란시스코 캔들스틱 파크 공연을 마지막으로 콘서트를 중단했다. 이 결단은 음악적 태도가 변한 비틀스로서는 도전을 멈추지 않기 위한 최선의 방법이었다. 또 이제는 과거와 달리 비틀스의 작곡이 너무나 복잡해져서 무대에서 효과적으로 공연할 수 없기도 했다.

콘서트를 그만 두기로 결정한 비틀스는 예술가로서 더 많은 실험을 해나간다. 밴드는 그때부터 스튜디오에만 틀어박혀 줄곧 음악에만 매달렸고 이제까지 해보지 못했던 다양한 음악 실험을 시도한다. 오버더빙을 반복하고 테이프를 거꾸로 돌려보기도 하고 복잡한 전자음향과 전혀 써보지 않았던 악기들을 연주했다. 이제 그들의 퍼포먼스는 스튜디오 음반이었다.

스튜디오 시대의 막을 연 작품은 1966년 8월 5일에 출시한 음반 『리볼버Revolver』였다. 그룹은 1966년 4월 6일부터 6월 22일까지 녹음실에서 생활하며 그때까지 그 어떤 앨범보다 훨씬 오랫동안 『리볼버』를 준비했다. 거의 모든 작곡과 편곡이 스튜디오에서만 이루어졌을 정도로 오로지 레코딩에 전념한 시간이었다. 그 결과 『리볼버』는 그 시대의 가장 혁신적인 록 음반으로 탄생되었다.

우선 사운드 운용에 있어 여느 록 앨범과는 근본적으로 달랐다. 어쿠스틱과 전자 음향을 적절히 배분했고 기타 말고도 클래식 악기나 비서양 악기들을 많이 써 전혀 색다른 음악이었다. 그간의 사이키델릭 문화와 LSD 경험, 인도 음악 탐구도 충분히 반영되었다. 40년이 지난 지금 봐도 아주 흥미로운 작품이다.

「쉬 새드 쉬 새드She Said She Said」 「닥터 로버트Doctor Robert」 같은 곡은 모두 존 레논의 '애시드 체험기'라고 할 정도로 강력한 약물 노래들이었다. 조지 해리슨은 「러브 유 투Love You To」에서 시타르는 물론 인도 타악기인 타블라와 낮은 저음을 반복해 내는 현악기 땀부라를 동원해 깊어진 인도 음악을 선보였다. 폴 매카트니의 「엘리너 리그비Eleanor Rigby」는 현악 4중주를 사용했던 「예스터데이」에서 한걸음 더 나아가 현악 8중주만으로 이루어진 클래식 넘버였다.

그 가운데서도 존 레논이 작곡한 「투모로우 네버 노스Tomorrow Never Knows」는 단연 돋보이는 트랙이었다. 사이키델릭 록의 정점에 있던 이 노래는 인도 음악처럼 코드 하나로 진행하자는 레논의 아이디어로 탄생했다. 그는 또 녹음 당시 자신의 목소리가 마치 수천 명의 티베트 승려들이 높은 산 위에서 불경을 낭독하는 것처럼 들리도록 의도했다. 그 당시엔 지금과 같은 테크놀로지가 없었는데도 비틀스는 아주 충실하게 존 레논의 목적에 부합했다.

이때는 조지 해리슨이 음악적으로 급격하게 발전한 시기이기도 하다. 그는 비틀스 멤버 네 명 가운데 가장 잘 생겼고 옷도 잘 입었으며 위트까지 있었다. 기타 실력 또한 훌륭했다. 「하드 데이스 나이트」라는 곡에서 해리슨이 선보인 리켄바커 12현 기타 연주는 동시대의 포크 록 그룹 버즈The Byrds에서부터 1980년대 등장한 록 밴드 알이엠R.E.M.에 이르기까지 많은 음악가들에게 영향을 미쳤다. 해리슨은 시타르 등 인도 음악을 배우며 비틀스의 황금시대를 견인했다.

그럼에도 불구하고 조지 해리슨은 작곡가로서 존 레논, 폴 매카트니 콤비에 가려 한참 동안 빛을 보지 못했다. 하지만 1965년 『헬프!』 앨범 때부터 작곡에 있어 큰 도약을 이뤘으며

『러버 소울』『리볼버』 앨범을 통해 급속도로 작곡실력이 발전했다. 「아이 원 투 델 유 I Want To Tell You」 「이프 아이 니디드 썸원 If I Needed Someone」 「택스맨 Taxman」 등 이 시절 해리슨이 혼자 만든 곡들은 존과 폴의 합작품 못지않은 퀄리티를 보여줬다.

여기까지는 레논-매카트니 풍의 노래였지만 1967년부터 해리슨은 「위드인 유 위드아웃 유 Within You Without You」 「디 이너 라이트 The Inner Light」 등 서사적이고 철학적인 음악을 만들어나갔다. 또 인도 음악을 공부한 덕에 그는 「히어 컴스 더 선 Here Comes The Sun」처럼 훨씬 더 복잡한 멜로디와 흥미로운 코드 진행을 만들 수 있었다. 그러나 그 뒤로도 조지 해리슨은 앨범 한 장에 두 곡 이상은 실을 수 없도록 제한을 받았다. 이는 가까운 훗날 밴드 자체가 흔들리는 큰 문제로 발전하게 된다.

개별 활동 시작

 투어를 중단하기로 결정하면서 비틀스는 싱글을 홍보하는 다른 대체수단을 찾아야 했다. 공연하기도 싫고 TV쇼에 출연하고 싶지도 않았던 밴드는 연주장면을 필름으로 찍어서 방송국에 보내는 방법을 택했다. 그것은 바로 뮤직 비디오의 전신이었다. 비틀스는 이런 식으로 비디오를 찍어서 미국 텔레비전에 보냈다. 다음은 그즈음 방영됐던 미국 CBS TV 에드 설리번 쇼의 한 장면이다.

 "신사숙녀 여러분, 링고 스타, 폴 매카트니, 존 레논, 조지 해리슨이 우리를 위해 영국에서 영상 테이프를 보내왔습니다."(에드 설리번)

 "안녕하세요. 에드. 잘 지내세요? 개인적으로 그곳에 못 가서 죄송합니다. 하지만 요즘 밥하고 설거지하느라 모두 바빠요. 여러분이 이 필름을 좋아하길 바랍니다.(웃음)"(링고 스타)

이때 링고 스타가 소개한 프로모션 필름은 당시 비틀스가 갓 싱글로 출시한 「페이퍼백 라이터Paperback Writer」와 「레인Rain」이라는 두 곡이었다. 이런 선전방식은 오늘날에는 누구나 다 하는 패턴이지만 그때는 그 누구도 생각지 못했던 참신한 아이디어였다. 비틀스는 사실상 MTV의 개막을 한참 전에 예고한 것이었다.

한편 이즈음 비틀스에게 위기가 찾아온다. 1966년 3월 4일 존 레논은 『이브닝 스탠더드』지의 모린 클리브와 비공식 자리에서 이야기를 나눴다. 모린은 1963년부터 비중 있게 비틀스를 다룬 첫 번째 런던 저널리스트였고 이날 그 둘은 허심탄회하게 인터뷰를 진행했다. 대화 도중 클리브는 종교에 견해를 밝혀달라고 요청했고 레논은 다음과 같이 말했다.

"기독교는 무너질 것이다. 사라지고 움츠러들 것이다. 나는 그런 것을 가지고 논쟁하고 싶지 않다. 내 말이 맞고 그렇다는 것이 증명될 것이다. 지금 우리는 예수보다도 더 인기 있다. 로큰롤과 기독교 중에 어떤 게 먼저 사라질지는 알지 못한다. 예수는 옳지만 그의 제자들은 우둔하고 평범하다. 내게 있어서 기독교를 파멸시키는 것은 기독교를 왜곡하는 그들이다."

그런데 몇 달 뒤 그 인터뷰가 미국의 『데이트라인』이라는 잡지에 실리면서 미국인들의 증오와 적개심이 불길처럼 일어났다. 예수보다 인기 있다는 존 레논의 주장은 미국 부모들에게 구실을 제공했다. 그들은 문명사회를 훼손하는 것처럼 보였던 머리 긴 영국의 네 녀석들에 대한 꼬투리를 벌써부터 잡고 싶었던 것이다.

남부 내슈빌에서는 성난 군중들이 비틀스 음반을 부숴 쓰레기통에 처박았으며 뉴욕에서는 KKK단이 비틀스 사진과 그림을 갈가리 찢어 불태웠다. 또 신문에서는 비틀스를 연일 비난했고 라디오 디제이들은 비틀스 노래를 방송하는 것을 금지하는 것은 물론 청취자들에게 비틀스 반대운동에 나서도록 선동했다. 상태가 걷잡을 수 없을 정도로 심각해지자 존 레논은 8월 11일 시카고에서 기자회견을 열어 유감을 표명했다.

"나는 신을 부인하지 않고 예수나 종교를 반대하지도 않습니다. 나는 우리가 예수보다 낫다거나 위대하다고 말한 것이 아니에요."(존 레논)

그 자리에 참석한 어느 기자가 존에게 사과하는 것인지를 묻자 그는 퉁명스럽게 대꾸했다.

"내가 한 말은 더러운 반종교적인 것을 의미하는 것이 아닙니다. 그게 여러분을 기쁘게 한다면 뭐 사과하지요. 나는 여전히 내가 한 것을 모르겠습니다. 내가 한 것을 여러분께 말씀드리려 노력했습니다만 여러분이 원하는 게 사과라면, 그게 여러분을 즐겁게 한다면, 좋습니다. 죄송합니다."(존 레논)

일단 사과는 그렇게 했지만 존 레논은 그 일로 무척 충격받고 상처 받았다. 제도권에 정통으로 얻어맞은 셈이었다. 특유의 농담이나 건방진 태도는 일순간에 사라졌다. 무슨 말을 해도 왜곡되는 상황 속에서 그 어떤 것에도 자신의 생각을 말할 수 없었다. 그는 심리적으로 점점 무너지고 있었다. 그리고 어느 순간부터 애시드 여행(Acid Trip), 바로 약물의 세계에 빠져들었다.

존 레논은 환각제의 일종인 'LSD'를 런던의 어느 치과의사로부터 처음 얻었다. 유행의 첨단을 걷던 이 의사는 레논과 해리슨 부부와 함께 식사하는 도중 그들의 커피에 몰래 그 환각제를 넣었다. 그 직후 존과 조지는 공포스럽기까지 했던 '원더랜드'를 경험했다. 너무나도 강력한 효과 때문에 처음에 그들은 너무나 두려웠지만 곧 그 거부할 수 없는 총천연색 체험에 중독되었다.

당시 폴 매카트니는 LSD를 즐기지 않았고 조지 해리슨은 존 레논과 함께 애시드 여행을 떠나면서 많은 시간을 같이 보냈다. 이때부터 폴과 존이 정서적으로 멀어지기 시작한 반면 조지는 존과 훨씬 더 가까워졌다. 비틀스가 발표한 「데이 트리퍼Day Tripper」는 바로 그 약물경험을 직접적으로 이야기한 첫 곡이다.

그와 더불어 비틀스는 드디어 순회공연을 완전히 끝냈다. 투어가 더 이상 아무런 재미가 없었던 비틀스는 1966년 8월 29일 샌프란시스코 캔들스틱 콘서트를 마지막으로 3년 동안 열정적으로 해왔던 연주여행의 막을 내렸다. 동시에 폭풍과도 같은, 아니 폭동과도 같은 대혼란을 야기했던 광란의 청중들하고도 영원히 작별했다.

공연활동을 중단한 비틀스는 정말 오랜만에 각자의 시간을 가졌다. 존 레논은 반전反戰 영화 '나는 어떻게 전쟁에 이겼는가How I Won The War'를 찍으려 스페인으로 갔고, 친절한 링고 스타는 외로운 존 레논을 위로해주러 역시 스페인으로 향했다. 반면 폴 매카트니는 조지 마틴과 함께 영화음악 작업을 했으며, 조지 해리슨은 본격적으로 인도 음악과 요가와 철학을 배우려고 아내 패티 보이드와 함께 인도에 갔다.

인도에 처음 간 해리슨은 6주 동안 인도 전통문화에 심취했다. 라비 샹카르의 정식 제자가 되어 시타르 수업을 받았고 요가도 수련했다. 그는 또 인도 철학, 종교와 관련된 많은 책들을 읽었다. 해리슨은 진짜 인도 사람처럼 콧수염을 길렀고 전통의상으로 갈아입었으며 채식 위주인 인도 음식까지 즐겼다.

"음악을 공부하려고 인도에 갔지만 사실상 음악뿐 아니라 가능한 한 인도의 모든 것을 보고 배우고 싶었다. 나는 서양인들이 동양의 신비주의라고 부르는 것들을 들어 알고 있었다. 몇 백 년 동안 히말라야 산맥에 있는 동굴에서 살고 있는 사람들, 앉은자리에서 공중부양하는 사람들, 6주 동안 땅 속에 묻혀 지내는 사람들. 이런 것들을 체험해보고 싶었다."(조지 해리슨)

"봄베이(현 뭄바이)에 있는 타지마할 호텔에 머물며 시타르를 배우기 시작했다. 라비가 나를 가르쳐줬고 그의 제자 한 명이 나를 도와 내 옆에서 함께 시타르를 배웠다. 계속 바닥에 앉아 있느라 엉덩이가 아파 죽을 지경이었다. 그 모습을 본 라

비는 어떤 요가 지도자를 데려와 내게 요가를 배우도록 해주었다."(조지 해리슨)

"진짜 멋진 시간이었다. 나는 종종 밖으로 나가 사원들을 구경하고 쇼핑을 했다. 우리는 여기저기를 여행했고 히말라야 중턱에 있는 카슈미르Kashmir에 가서는 하우스보트에 머물며 시타르 수업을 계속 이어나갔다. 정말이지 너무나도 근사한 일이었다. 아침에 일찍 일어나면 누군가 우리에게 차와 비스킷을 가져다 줬고 나는 침대에 앉아 바로 옆방에서 연습하고 있는 라비의 시타르 소리를 들었다."(조지 해리슨)

조지 해리슨의 열성에 반한 라비 샹카르는 그에게 자신의 정신적인 스승이었던 타트 바바Tat Baba를 소개해주었고 타트 바바는 조지에게 '업業의 법칙'을 설명해주었다. 해리슨은 이전에 얻었던 그 어떤 것보다도 더 큰 만족감을 얻고 영국으로 돌아와 더욱 시타르 연습에 열중했고 인도의 정신세계와 종교, 음악의 새로운 가능성을 찾기 시작했다.

한편 영화 촬영을 마친 존 레논은 11월 9일 런던의 인디카 갤러리에서 요코 오노Yoko Ono와 처음 만났다. 서구 대중음악사를 뒤흔든 '세기의 만남'이었다. 전위 예술가였던 요코는 당시 인디카 갤러리에서 전시회를 열고 있었고 존은 그 개막식에 참석했다. 막상 전시회는 갔어도 그는 그녀가 누구인지 잘 몰랐지만 긍정적인 요코의 작품에 즉시 매료됐다.

"그때가 바로 우리가 진짜로 만난 때였다. 우리의 눈길이 서로에게 멈추었는데 요코도 그걸 느끼고 나도 느꼈다. 그리

고 그 뒤 역사가 이루어졌다."(존 레논)

미국 록 잡지 『롤링스톤』의 발행인 잰 웨너는 그 둘의 만남을 "요코는 존을 해방시켰고 언제나 그가 되기 원하던 사람이 될 수 있도록 자유롭게 만들었다. 그녀는 아무 것도 두려워하지 않았고 존이 자아를 찾을 수 있게 했다"라고 평했다. 서로 영혼이 격렬히 충돌한 그들은 동지가 되었다. 이후 존 레논과 요코 오노는 미술, 퍼포먼스, 반전 시위 등을 함께 했으며 1980년 12월 8일 존이 권총에 맞아 쓰러질 때까지 교감과 사랑을 이어갔다.

스튜디오   실험의 궁극 『페퍼상사』

마지막 콘서트를 끝내고 개별 활동을 시작한 비틀스 멤버들은 11월 24일 런던의 『애비로드』 스튜디오에 다시 모여 다음 음반 작업을 준비한다. 본격적인 앨범 녹음에 앞서 그들은 「페니 레인Penny Lane」과 「스트로베리 필스 포레버Strawberry Fields Forever」 레코딩을 시작했다. 「페니 레인」은 폴 매카트니가 어린 시절 친구들과 뛰놀던 지역을 추억하며 만든 곡이었다. 폴은 고음처리 부문에 피콜로 트럼펫을 쓰자고 조지 마틴에게 요청했고 그들은 함께 「페니 레인」을 특징짓는 흥겨운 트럼펫 멜로디를 집어넣었다.

「스트로베리 필스 포레버」 역시 어렸을 적 존 레논이 자주 가서 놀곤 하던 집 근처의 보육원을 회상하며 만든 작품이다.

하지만 「페니 레인」과는 달리 단순한 향수라기보다는 좀더 초현실적인 뉘앙스를 띠고 있었다. 비틀스는 처음엔 멤버들의 어쿠스틱 연주로만 「스트로베리 필스 포레버」를 녹음했지만 존이 얼마 뒤 하프시코드, 팀파니, 트럼펫, 첼로, 혼 등의 관현악 연주를 원했기 때문에 세션을 동원해 한 차례 더 녹음했다.

원래 비틀스는 그 두 곡을 앨범용으로 녹음했다가 미국 캐피톨 레코드사가 요청해서 1967년 2월 싱글로 발표했다. 이 싱글은 미국에서는 쉽게 1위를 차지했으나 영국 차트에서는 잉글버트 험퍼딩크의 「플리스 릴리스 미Please Release Me」에 밀려 2위에 그쳤다. 이로써 1963년 이래 싱글 12개를 모두 차트 1위에 올려놓았던 비틀스의 차트 1위 행진은 열세 번째에서 중단되었다.

「페니 레인」과 「스트로베리 필스 포레버」가 차트 정상에 오르지 못한 이유는 명백하다. 존 레논과 폴 매카트니가 서로 양보하지 않아 두 곡 모두를 앞면(A면)에 발표하는 바람에 표가 분산되었기 때문이다. 그러나 1위에 오르지 못한 것이 한편으로 비틀스에게는 구원과도 같았다. 늘 정상을 차지해야 한다는 거대한 압박에서 벗어나게 된 순간이기도 했기 때문이다. 한편 「페니 레인」과 「스트로베리 필스 포레버」는 레논과 매카트니의 음악 스타일이나 사고방식의 차이가 점점 더 심해지고 있음을 뚜렷이 보여준 사례였다.

스튜디오에 들어간 지 8개월 만인 1967년 6월 1일 비틀스는 드디어 『서전트 페퍼스 론리 하츠 클럽 밴드Sgt. Pepper's

Lonely Hearts Club Band』(이하 『페퍼상사』)를 발표했다. 비치 보이스의 걸작 『펫 사운즈Pet Sounds』에 자극 받아 구상한 『페퍼상사』는 단순한 록 앨범 이상이었다.

'가상밴드'라는 아이디어에서 착안해 만든 이 작품은 서커스 음향효과, 음악홀 장치, 브라스 밴드, 낭만적 발레, 초현실 소리 집합체 등의 각종 레코딩 기술이 집약된 스튜디오 앨범의 결정판이었다. 새로운 사운드와 스튜디오 기술, 일련의 음악효과를 결합할 목적으로 비틀스는 땀부라, 시타르, 오르간, 여러 종류의 피아노 등 엄청난 양의 악기를 연주했으며 앨범을 녹음하는 데만 네 달을 썼다.

타이틀 곡 「페퍼 상사」는 왁자지껄한 관객들의 소음과 함께 서커스의 시작을 알리고, 링고 스타가 노래하는 두 번째 곡 「위드 어 리틀 헬프 프롬 마이 프렌즈With A Little Help From My Friends」는 영국의 음악홀 양식과 미국 리듬 앤 블루스로 연주한다. 「루시 인 더 스카이 위드 다이아몬즈Lucy In The Sky With Diamonds」는 사이키델릭과 약물문화로 초대한다.

또 조지 해리슨이 인도 음악가들과 합작한 「위드인 유 위드아웃 유」는 인도 전통선율인 라가의 깊은 세계로 안내한다. 후반부에 40인조 오케스트라가 4배로 확장되는 클래식적 접근이 돋보이는 「어 데이 인 더 라이프A Day In The Life」는 "난 오늘 신문을 읽는다, 난 오늘 아침에 일어났지" 같은 일상적 이야기들을 통해 현대인의 소외감을 말한다.

이 앨범의 분위기는 당시의 시대정신이었던 히피와 약물,

'사랑의 여름'이었다. 그러나 사운드 측면에서 비틀스는 록 음악의 형식을 부분적으로 파괴함으로써 록 청중뿐 아니라 클래식 청중과 전 세계의 많은 연령층이 음반을 듣게끔 할 수 있었다. 확실히 가장 야심 찬 비틀스 작품이었으며 음악적으로 최상의 완성도를 보여준 예술품이었다.

그러나 『페퍼상사』 때문에 비틀스 네 명은 각자의 서로 다른 관심사를 분명히 확인했으며 이후 뿔뿔이 흩어져 자신의 예술적 취향만을 추구했다. 『페퍼상사』에 대한 폴 매카트니와 존 레논의 반응에서도 극명한 차이가 나타났다.

"음반 작업이 끝났을 때 나는 그 앨범이 정말 근사하다고 생각했다. 커다란 진보였다. 한두 달 전부터 신문과 음악 잡지들이 계속 '비틀스가 무엇을 할 수 있을까? 그들의 상상력은 고갈되어가고 있는 것 같다'라고 말해왔기 때문에 더욱 기뻤다. 앨범이 나왔을 때 나 스스로 그 작품을 갖게 된 것이 너무나도 좋아서 주말 내내 기념 파티를 열었다. 축하전보도 많이 받았고 다들 좋은 앨범이라고 칭찬했다."(폴 매카트니)

"무려 9개월이나 걸렸다. 스튜디오 안에서만 아홉 달을 보냈던 건 아니지만 우리는 일하다 잠시 멈추고 또 일하다 잠깐 쉬고, 이런 과정을 반복했다. 그 때문에 나는 들락날락했고 좀 지루해졌다. 보통 다른 앨범들은 집중해서 3개월 정도 작업하면 완성되곤 했다. 『페퍼상사』는 가장 사치스러운 앨범이었다. 물론 레코드사까지 비명을 질렀다. 그들은 음반 커버 만드는 데 쓰인 비용서부터 소스라쳤다."(존 레논)

링고 스타와 조지 해리슨 역시 『페퍼상사』에 매우 싫증이 났다.

"『페퍼상사』는 멋졌다. 좋은 앨범이다. 하지만 나는 그때 체스 두는 법을 배워야 했다. 나로서는 시간이 남아돌았기 때문이다. 우리는 기본 트랙을 만들고 그 다음 다른 재료를 붙여 넣고 또 넣었다. 하지만 (내) 퍼커션은 한참 뒤에야 겹쳐 녹음했다."(링고 스타)

"그 앨범은 피곤했고 따분했다. 몇 달 정도는 즐거웠지만 전체적으로는 그 음반을 별로 좋아하지 않았다."(조지 해리슨)

특히 조지 해리슨은 비틀스로 산다는 것에 점점 질려갔다.

"내 마음은 여전히 인도에 있었다. 1966년에 있었던 그 인도행은 내게 중대한 일이었다. 그 뒤로 모든 것이 힘든 일 같기만 했다. 난 정말 그렇게 하고 싶지 않았다. 그 순간에 나는 비틀스 일원으로 존재하는 것에 흥미를 잃고 있었다."(조지 해리슨)

인도에 은둔하다

『페퍼상사』 출시 직후였던 1967년 6월 25일, 세계각국에 있는 비틀스 팬들은 『우리의 세계Our World』라는 TV 프로그램에서 실로 오랜만에 비틀스의 연주 장면을 볼 수 있었다. 그에 앞서 비틀스는 자신들을 너무나도 보고 싶어하는 팬들을 위해 쇼에 출연, 전 지구촌에 위성 생중계한다는 계획을 세웠다. 그 결실이 바로 『우리의 세계』라는 행사였다.

그 이벤트에서 비틀스는 신곡「올 유 니드 이스 러브」를 연주했다.「올 유 니드 이스 러브」는 사랑은 모든 것을 감싸 안을 수 있다는 메시지를 담은 존 레논의 작품이었다. 밴드는 그 러브송에 바흐의「브란덴부르크」협주곡과 프랑스국가「라 마르세예즈」, 히트곡「쉬 러브스 유」, 글렌 밀러의 스윙 고전

「인 더 무드」 등 다채로운 재료를 차용했다.

사랑과 평화의 시대였던 이때 비틀스의 「올 유 니드 이스 러브」는 시대를 정확히 관통한 곡이었다. 방송 스튜디오에 장식한 각양각색의 꽃들과 비틀스의 화려한 의상도 그러한 히피 무드를 대변했다. 한편 얼마 뒤인 8월 8일 조지 해리슨은 아내 패티 보이드와 히피들의 성지였던 미국 샌프란시스코 헤이트 애시베리를 방문, 히피들과 하나가 되어 행복한 시간을 보냈다.

샌프란시스코에서 런던으로 돌아온 조지 해리슨은 패티 보이드의 소개로 인도 초월명상(TM)의 지도자 마하리시 마헤시 요기의 강연을 들으러 갔다. 당시 해리슨은 약물에서 벗어나고 싶었고 그 방법인 명상에 관심이 끌렸다. 그런 면에서 마하리시의 명상 수단은 매우 훌륭했다.

강연이 끝난 뒤 마하리시를 만난 비틀스는 모두 그에게 깊은 감명을 받았다. 갑작스런 영적 스승의 출현에 흥분한 비틀스는 계속해서 1967년 8월 25일 마하리시의 명상학회에 참석하기 위해 웨일스의 작은 마을 뱅거로 향했다.

비틀스가 뱅거에 도착했을 때 마을 전체가 술렁거렸고 역에는 예의 비명을 지르는 소녀들로 가득 차 있었다. 하지만 밴드는 그곳에서 진지하게 마하리시의 강의를 듣고 차분하게 명상을 했다. 그는 비틀스에게 몇 가지 만트라와 간단한 명상 시스템을 알려줬고 비틀스는 아침저녁으로 20분씩 고요히 눈을 감고 명상에 빠졌다.

그런데 겨우 이틀 뒤 비틀스에게 매니저 브라이언 엡스타인(1934~1967)이 죽었다는 소식이 전해졌다. 시체가 런던 아파트에서 발견됐고 사인은 술과 수면제를 섞어 과다 복용한 탓이었다. 향년 32세. 엡스타인이 갑자기 세상을 떠나자 그룹은 커다란 충격에 휩싸였다. 비록 그들이 투어를 중단하고 스튜디오에 들어가면서 그의 역할이 많이 줄긴 했지만 브라이언 엡스타인은 여전히 밴드를 결속시켜준 조정자였기 때문이다.

"브라이언이 세상을 떠나자 너무 큰 공백이 생겼다. 그때는 막 우리가 프로가 되어가고 레코드 사업을 진척시키기 시작할 무렵이었기 때문이다. 우리는 개인적 사업과 재무상태를 전혀 알지 못했다. 그런 건 다 브라이언이 관리했었다. 그가 죽은 뒤에는 혼돈 그 자체였다."(조지 해리슨)

하지만 언제까지나 걱정만 할 수는 없었던 폴 매카트니는 얼마 뒤부터 전면에 나서 밴드를 이끌기 시작했다. 그는 우선 몇 달 전부터 계획됐던 TV용 영화 '매지컬 미스터리 투어'를 촬영했다. 비틀스는 이례적으로 영화 작업에 앞서 4월부터 주제 음악을 녹음하기 시작했고 촬영은 9월 11일이 돼서야 진행되었다. 대본조차 없는 작업이었고 모든 배우들이 즉흥연기를 해야 했던 '실험영화'였다. 존 레논이 내놓은 가장 신비로운 작품인 「아이 엠 더 월러스 I Am The Walrus」의 퍼포먼스 장면도 이 영화에 삽입되었다.

허나 12월 26일 저녁 BBC 텔레비전을 통해 방송되자 '매지컬 미스터리 투어'는 언론으로부터 재앙에 가까운 혹평을 들어야 했다. 그러나 사실 '매지컬 미스터리 투어'가 실패로 돌아갔던 것은 컬러영화를 흑백TV에 방영함으로써 작품의 참 모습을 보여줄 수 없다는 결정적인 문제가 이유로 작용했기 때문이었다. 나머지 멤버들은 영화의 성과에 상당히 만족했고 악담만 해댄 미디어에 불만을 표시했다.

정신적으로 상당히 지쳐 있던 비틀스는 인도행을 결정했다. 인도 북부 리시케시에서 열리는 명상학회에 참가하려고 1968년 2월 15일 먼저 존 레논과 조지 해리슨 부부가 인도에 갔고 폴 매카트니와 그의 여자친구 제인 에셔, 링고 스타 부부는 나흘 뒤 합류했다. 그들은 히말라야 기슭의 리시케시에 두 달간 머물며 명상과 은둔생활을 즐겼다.

"과연 우리는 모든 것들로부터 떠나 있었다. 마치 히말라야에 숨어 휴가를 보내는 것 같았다."(존 레논)

"모두 함께 일어나 다같이 아침식사를 했다.(중략) 그 뒤에는 각자 방에 들어가 명상을 한 뒤 점심을 먹고 잠깐 이야기를 나누거나 작은 음악회를 즐겼다. 마하리시의 강의가 있었지만 기본적으로 먹고 자고 명상하는 게 다였다."(폴 매카트니)

리시케시에서 생활한 두 달 동안 그들은 엄청나게 많은 노래들을 작곡했다. 그 가운데 「블랙버드Blackbird」「디어 프루던스Dear Prudence」「유어 블루스Yer Blues」「와이 돈트 위 두 잇 인 더 로드Why Don't We Do It In The Road」 같은 곡들은 그룹의 후속앨범인 『더 비틀스The Beatles』에 실린다.

반면 링고 스타는 겨우 1주일 만에 런던으로 돌아갔다. 링고는 카레와 매운 인도 음식들을 견딜 수 없었고 그의 아내는 날아다니는 파리를 참을 수 없었다. 나머지 멤버들도 마하리시가 당시 같이 명상수업을 듣던 여배우 미아 패로를 유혹했다는 소문이 퍼지자 그 진실 여부에 상관없이 다들 실망해서 그곳을 떠났다.

마하리시 마헤시 요기에게 조롱당한 느낌이 든 존 레논은 어찌나 기분이 나빴는지 떠나는 차 안에서 곧바로 마하리시를 경멸하는 곡을 만들었다.

"몇 시간 동안 차를 타고 갈 때 존은 노래하면서 곡을 써 내려가기 시작했다. '마하리시, 당신 뭘 한 거야? 당신은 우리 모두를 바보로 만들었어' 나는 바보 같은 가사라며 그를 말렸고 '섹시 새디Sexy Sadie'라는 제목을 제안했다. 그제야 존은 제목을 「마하리시」에서 「섹시 새디」로 바꾸었다."(조지 해리슨)

결국 존 레논은 요코가 기다리는 영국으로 떠났고 조지 해리슨은 몇 주 더 인도 남부 지역을 여행한 뒤 고국으로 돌아갔다. 비록 마하리시로 인해 낙심하긴 했지만 대신 그는 인도에서 다른 마음의 안식처를 찾아냈다. 바로 힌두교에서 가장 인기 있는 신 '크리슈나'였다. 그는 얼마 뒤 크리슈나를 찬양하는 힌두교의 일파, 하레 크리슈나Hare Krishna교를 만났고 그 교리에 깊숙이 빠져들었다. 조지 해리슨은 그때부터 그 하레 크리슈나교의 독실한 신자가 되어 평생을 헌신했다.

해체의 서막

 브라이언 엡스타인이 사망하면서 생긴 균열은 인도에 다녀온 뒤 본격화되었다. 폴 매카트니는 엡스타인의 공백을 메우기 위해 전면에 나서서 그룹을 이끌었지만 오히려 다른 멤버들에게 불만을 샀다. 폴이 예술가라기보다는 사업가의 야심을 가지고 '비틀스 제국'을 만들어 나간다고 그들이 느꼈기 때문이다.

 대표적인 예가 존과 함께 설립한 애플사Apple Corps Ltd.였다. 런던의 예술 중심지로서 구상한 이 사업체는 브라이언이 죽기 전 매카트니가 주도해 세웠지만 조직 자체는 이듬해 확립되었다. 그리고 1968년 5월 15일 존과 폴은 미국 NBC TV의 투나이트 쇼에 출연해 애플사의 설립을 공식 발표했다.

 애플을 통해 비틀스가 계획했던 것은 한마디로 '재능은 있으나 돈은 없는' 언더그라운드 예술인들을 후원함으로써 그들이 돈 앞에서 무릎 꿇지 않게 하도록 돕는 이상적인 기업체였다. 그 의도대로 비틀스는 회사를 설립한 뒤 곧바로 영화, 출판, 연극, 미술, 의상 디자인 등 런던에 있는 각계각층의 여러 예술가들을 만났고 그들에게 돈과 기회를 줬다.

특별히 비틀스는 음악가들을 도우려고 레코드 회사와 음악 출판사를 따로 만들고 자신들만의 음반제작(A&R) 담당자를 지정했다. 그렇게 해서 비틀스는 무명 뮤지션들이 가져 온 수많은 데모 테이프들을 직접 듣고 유망주를 발굴했다. 당시 매카트니는 애플의 기능을 다음과 같이 설명했다.

"처음 시작했을 때 우리는 열여덟 살이었고 부자가 되고 싶었다. 노래를 해서 부자가 될 수 있다면 모든 걸 잊을 수 있었다. 그러나 지금 우리 자신을 위해 더 이상 할 일이 없다. 그래서 돈을 모으려 애쓰기보다 차라리 서구 공산주의 같은 사업 복합체를 설립한다. 단지 우리를 위해서가 아니라 공공의 이익을 위해 애플을 완전한 사업체 또는 조직체로 만들고 싶다. 우리는 그에 필요한 돈이 있다. 그래서 이제 우리가 매주 1백만 파운드를 버는 동안 겨우 2파운드밖에 벌지 못하는 무명작가들이 정당한 제 몫을 받을 수 있도록 그 돈을 투자하고 싶다."(폴 매카트니)

비틀스와 애플은 곧 아티스트를 찾아내기 시작했다. TV 경연대회에서 우승한 여가수 메리 홉킨이 애플 레이블과 계약한 첫 아티스트가 되었고 제임스 테일러와 배드 핑거, 재키 로맥스 등이 그 뒤를 이었다. 애플의 첫 출시작은 비틀스의 싱글 「헤이 쥬드Hey Jude」였고, 두 번째는 「헤이 쥬드」를 밀어내고 영미 싱글 차트 1위에 오른 메리 홉킨의 「도즈 워 더 데이스 Those Were The Days」(폴의 프로듀스작)였다.

그러나 사업적 틀 안에서 예술적 자유를 추구하겠다는 비틀스의 의지는 잘못된 경영과 노골적인 도둑질에 꺾인다. 비틀스는 자칭 예술가였던 히피들에게 돈과 장비 등 모든 지원을 아끼지 않았다. 그렇지만 한 번 후원 받은 사람들은 다시 나타나지 않았고, 애플의 직원들은 고급차와 고급음식 등 호화로운 생활을 마음껏 즐기며 돈을 물 쓰듯 썼다. 당시 직원들은 비틀스 멤버들과 똑같은 봉급을 받았다. 때문에 엄청난 액수의 돈이 하룻밤 사이에 사라졌고 그 많던 비틀스의 돈은 거의 바닥날 정도였다.

결국 애플은 불가능한 임무였다. 비틀스는 순진했고 애플은 너무나 이상주의적인 사업체였다. 의도는 순수했으나 애플사를 세운 것은 비틀스에 있어 최악의 결정이었다. 이로 인해 비틀스는 비단 금전적 손해를 본 것에 그치지 않고 탄탄했던 그룹의 협력관계까지 깨지기 시작했기 때문이다. 나중에 존 레논은 "우리는 절대 우리의 레이블(애플)을 시작하지 말았어야 했다. 너무 많은 문제들이 생겨났다"라고 말했지만 이미 때늦은 후회였다.

1968년 5월 30일 그룹은 신보를 위해 녹음을 시작했다. 그러나 비틀스는 뿔뿔이 흩어지고 있었다. 하얀 재킷 때문에 '화이트 앨범'이라 부르는 새 앨범 『더 비틀스』는 그룹의 작품이라기보다는 서로 다른 음악을 추구하는 네 음악가의 작품이었다. 함께 곡을 쓰고 함께 노래하는 동료애는 사라졌다.

그들은 각자 따로따로 노래를 만들었고 곡 쓴 사람 외에 나머지 멤버들은 급기야 세션맨으로 전락했다. 심지어 녹음할 때 멤버 전원이 참여하지 않는 경우도 번번이 생기기 시작했다. 그 음반에 수록된 서른 곡만큼이나 천차만별이던 음악성향은 밴드의 해산이 임박했음을 알리는 메시지 같았다.

긴장과 말싸움, 적의, 자기중심적 태도 역시 녹음 과정 내내 포착되었다. 존 레논의 곡들은 대체로 거칠고 전위적이었으며 비상업적이었다. 반면 폴 매카트니의 작품들은 감상적이고 부드럽고 상업적이었다. 늘 소외 받았던 조지 해리슨은 앨범에 네 곡을 수록했지만 레논과 매카트니의 지배에 저항하기 시작했다.

그런가 하면 링고 스타는 그들의 전장에서 아예 제외되기 일쑤였다. 특히 폴 매카트니는 세션 도중 링고의 드럼 실력에 불만을 품고 자신이 직접 드럼을 연주하기도 했다. 무시당하고 상처 받은 링고 스타는 그때 팀을 떠나기까지 했다.

존 레논을 제외한 나머지 세 사람에게 또 다른 갈등요인은 바로 '존의 여신'이었던 요코 오노였다. 이 당시 레논은 아내였던 신시아와 이혼하고 마침내 요코의 품에 안겼다. 1966년 11월에 처음 만난 존과 요코는 꾸준히 교류해오다가 존이 인도에 다녀온 뒤 하나가 되었다.

그러나 다른 멤버들의 눈에 존과 요코는 지나치게 가까웠다. 존은 병적으로 요코에 집착했으며 스튜디오에까지 그녀를 데리고 들어왔다. 자의반 타의반으로 요코는 『더 비틀스』 레코딩 기간 내내 녹음실을 지켰고 그 모습을 본 나머지 멤버들은 오히려 자신들이 이방인처럼 느껴졌다. 그들은 눈치를 보며 때때로 요코에 대해 불만을 표시했지만 요코를 향한 존의 사랑은 결코 꺾이거나 줄지 않았다.

더 나아가 존 레논은 요코 오노와 듀엣으로 『언피니시드 뮤직 넘버원 -투 버진스Unfinished Music No.1 -Two Virgins』라는 전위 음반을 발표했다. 존과 요코의 누드 사진이 실린 재킷 커버 때문에 유명세를 탄 이 앨범은 『화이트 앨범』에 실린 「레볼루션 나인Revolution 9」과 마찬가지로 기분 나쁜 소음과 불협화음, 알 수 없는 테이프 루프로 이루어진 아방가르드 작품이었다.

이러한 문제들은 그룹의 운명을 파멸로 이끌기에 충분했다. 그렇지만 적어도 『더 비틀스』는 아주 성공적이었다. 4개월간의 녹음작업을 통해 그들이 만족할 만한 가장 뛰어난 비틀스의 곡들이 쏟아져 나왔다. 그러나 이처럼 절정의 음악 실력을 뽐냈던 그들은 이제 단일 그룹이 아니라 '머리 넷 달린 괴물'이 되어 해체의 길로 치닫고 있었다.

존 레논과 마찬가지로 폴 매카트니도 이때 이상인 여인을 만났다. 바로 미국 출신의 린다 이스트먼이었다. 코닥필름 설립자인 리 이스트먼의 딸인 그녀는 미국에서 사진작가로 일하고 있었다. 폴은 영국 밴드들의 사진을 찍으러 런던으로 온

린다와 만나 첫눈에 사랑에 빠졌다. 결국 매카트니는 지난 5년 동안 깊이 사귀어온 제인 에셔와 결별하고 린다 이스트먼에 정착했다.

한편 『더 비틀스』 녹음이 끝난 뒤 1968년 12월 조지 해리슨은 영화음악 음반인 『원더월 뮤직Wonderwall Music』을 발표했다. 이 작품은 비틀스 멤버가 낸 첫 솔로 앨범이었으며 인도음악을 본격적으로 팬들에게 소개한 작품이었다. 또한 솔로 뮤지션 해리슨의 재능과 성취를 확실히 보여준 레코드였다.

『원더월 뮤직』에서 조지 해리슨은 시브 꾸마르 샤르마 같은 인도 연주자들뿐 아니라 에릭 클랩튼 등 영국 음악인들을 함께 초빙해 동서양의 결합을 시도했다. 해리슨은 또 『원더월 뮤직』을 낸 지 몇 개월 뒤인 1969년 5월 새로 익힌 악기 무그 신시사이저를 전면에 내세운 또 하나의 솔로 음반 『일렉트로닉 사운드Electronic Sound』를 출시하며 일찌감치 전자음악을 실험하기도 했다.

재앙이 된 『렛 잇 비』 세션

 한겨울 추위가 맹위를 떨치던 1969년 1월 2일, 비틀스는 트위큰햄Twickenham 영화 촬영소에 모였다. 이 스튜디오는 과거 비틀스 영화 '하드 데이스 나이트'와 '헬프!'부터 1968년 「헤이 주드」와 「레볼루션」의 프로모션 필름 작업을 했던 장소였다. 비틀스는 이 촬영소에서 한 달 동안 『렛 잇 비Let It Be』라는 앨범 녹음과 그 제작과정을 담는 다큐멘터리 프로젝트를 동시에 진행했다.

 『렛 잇 비』는 온전히 폴 매카트니가 구상했으며 애초에는 '기본으로 돌아가자'는 뜻으로 '겟 백Get Back'이라는 가제를 붙였다. 당시 매카트니는 두 가지 의도로 이 작업을 기획했다. 우선 새로운 노래를 만들어 연습한 뒤 그 신곡들을 토대로 관객들 앞에서 공연을 치른다는 것, 그리고 스튜디오에서 리허설하는 비틀스의 모습을 있는 그대로 대중들에게 보여주는 것이 그것이었다.

아이디어 자체는 매우 좋았다. 폴 매카트니는 두터운 음향 효과나 오버더빙 없이 순수하게 라이브 연주만을 들려주던 '훌륭한 작은 로큰롤 밴드'로 돌아가길 기대했다. 캐번 클럽과 함부르크에서 이들이 연주했던 그 원형의 로큰롤 시대로 거슬러 올라가길 바랐던 것이다. 또 잘만 하면 와해 직전인 밴드에게 화해 무드와 새로운 원기를 불어넣을 수도 있을 것 같았다.

그러나 애초 희망과는 달리 이 프로젝트는 엉뚱한 방향으로 흘러 비틀스가 급속도로 추락하는 30일짜리 무용담으로 변질되었다. 문제는 산적해 있었다. 연습 내내 옆에서 카메라가 돌아간다는 것과 사생활이 그대로 노출된다는 점이 큰 부담이었고 작업장소와 시간도 나빴다. 보통 비틀스는 아늑한 애비 로드 스튜디오에 가서 한밤에 녹음작업을 하곤 했지만 『렛 잇 비』 세션 때는 동굴처럼 음산한 트위큰햄 촬영소에 모여 이른 아침부터 연습해야 했다.

존 레논의 여자친구였던 요코 오노의 존재 역시 팀을 어렵게 만들었다. 과거 비틀스의 부인이나 여자친구들은 녹음실 안에 들어오지 못했지만 요코는 스튜디오 여기저기서 출몰했다. 뿐만 아니라 그녀는 나오지 않는 존 레논을 대신해 밴드 미팅과 사진 촬영에까지 참석했으며 때로는 의견을 제시하기도 했다.

주제넘은 요코의 참견에 나머지 세 사람은 너무나 분하고 화가 났다. 허나 외교에 능한 매카트니는 레논을 기분 나쁘게 만들지 않았다. 만약 이 문제로 존을 자극한다면 그가 영원히 그룹을 등질 것이라는 걸 알았기 때문이다. 링고 스타는 애써 예의를 지켰고 오직 조지 해리슨만이 요코에 대한 혐오를 공공연히 드러냈다.

폴 매카트니 외의 다른 멤버들은 이 작업에 전혀 열정이 없던 것도 골칫거리였다. 존 레논은 요코 오노에게 집중했고 조지 해리슨은 자신을 존중하지 않는 레논과 매카트니에게 완전히 질려 버렸다. 잘난 멤버들 사이에 낀 링고 스타는 지쳐서 거의 말도 하지 않았다. 그룹의 유산을 이어가는 데 관심이 있는 사람은 오로지 폴 매카트니뿐이었다.

그 가운데서도 가장 큰 문제는 조지 해리슨과 존 레논, 폴 매카트니 콤비와의 불화였다. 해리슨은 스튜디오에 오기 직전 미국 우드스톡에서 밥 딜런, 더 밴드 등과 함께 어울려 즐거운 크리스마스를 보냈다. 그곳에서 조지 해리슨은 친구들에게 환대를 받았고, 「올 씽스 머스트 패스 All Things Must Pass」 「렛 잇 다운 Let It Down」 「이즌 잇 어 피티 Isn't It A Pity」 같은 신곡들을 만들면서 기분을 새롭게 했다.

그런데 비틀스로 돌아오자 상황은 그렇지 못했다. 존 레논과 폴 매카트니는 자신을 여전히 꼬마 취급하고 무시했다. 사실 조지 해리슨은 작곡가로서 자리 잡은 지도 오래되었고 밥 딜런 같은 다른 사람들에게는 언제나 소중하게 대접 받아왔다. 그런데도 존과 폴은 조지를 끝까지 하찮게 여기고 존중하지 않았다.

매카트니가 해리슨의 기타 솔로에 자주 참견했던 것도 그를 자극했다. 조지 해리슨은 비틀스의 리드 기타리스트였고 기타 솔로를 충분히 연주할 줄 알았다. 그 두 사람은 그 문제로 자주 말다툼을 벌였다. 「투 오브 어스Two Of Us」라는 곡을 연습할 때였다. 폴이 조지의 기타 연주가 마음에 들지 않다면서 이것저것 간섭하자 조지가 삐딱하게 말한다. "네가 원하는 대로 연주할게. 그리고 하지 말라고 하면 아예 안 할게."

결정적으로 해리슨이 새 노래를 가져올 때마다 레논과 매카트니는 그 곡들을 모두 무시했고 프로듀서 조지 마틴도 거절했다. 그가 형처럼 따랐던 존 레논이 자기 곡을 가장 얕잡아 보고 알아주지 않았던 것은 더 큰 상처가 되었다. 결국 분노가 폭발했고 자신의 재능을 선보일 기회조차 얻을 수 없었던 해리슨은 비틀스를 영원히 떠나기로 마음을 먹었다.

결국 세션을 시작한지 열흘째인 1월 10일 조지 해리슨은 밴드를 탈퇴했다. 당시 그는 절대 밴드에 돌아가지 않겠다고 맹세했으며 다른 멤버들에게 본인의 심각함을 분명히 나타냈다. 그러자 얄궂은 존 레논은 해리슨이 돌아오지 않으면 대신 에릭 클랩튼을 밴드에 데려오자고 말하기까지 했다. 하지만 얼마 뒤 밴드 미팅과 애플 이사회를 통해 조지 해리슨을 설득하는 작업이 이루어졌다.

조지 해리슨은 복귀하는 대가로 몇 가지 조건을 내걸었다.

우선 일부 우스꽝스런 장소에서 라이브 공연한다는 것에 더 이상 이러쿵저러쿵 말하지 않는다는 것, 그 다음으로 앞서 연습한 곡들을 새 앨범으로 녹음해야 한다는 것, 그리고 마지막으로 비틀스가 새 애플 스튜디오로 이동한다는 것이었다.

이 요구사항에 다른 멤버들은 선뜻 응했고 조지 해리슨은 밴드에 복귀했다. 하지만 이미 그룹에 남은 애정이라곤 없었다. 그는 이때 다른 작업에 열정을 쏟고 있었다. 애플 레코드 소속가수 재키 로맥스에게 「사우어 밀크 시Sour Milk Sea」라는 노래를 선사했고, 런던의 라다 크리슈나 사원에서 머물며 크리슈나교 신자를 위한 힌두찬송가 「하레 크리슈나 만트라Hare Krishna Mantra」와 「고빈다Govinda」를 제작했다.

한편 조지 해리슨은 레이 찰스 콘서트에서 봤던 오르간 연주자 빌리 프레스턴을 『렛 잇 비』 세션에 데려왔다. 비틀스는 1962년 프레스턴이 리틀 리처드의 그룹에 있을 때부터 알고 있었던 터라 모두 그를 좋아했다. 붙임성 있던 빌리 프레스턴은 스튜디오에 활기를 불어넣었고 그러자 비틀스 사이의 마찰이 완화되었다. 드디어 그동안 냉랭했던 세션 분위기가 화기애애하게 살아나기 시작했다.

그로부터 얼마 뒤 비틀스는 곧 팝 역사에서 길이 빛날 명장면을 연출했다. 이들은 라이브 공연으로 앨범을 마무리 짓는다는 계획을 지켰다. 비틀스는 1월 30일 런던 새빌 로에 있는 애플사 옥상에서 즉흥 콘서트를 열었다. 화려한 팡파르도 없고 어떠한 홍보도 없었지만 비틀스가 3년 만에 야외에서 연주를 펼친 그 옥상공연은 정말 환상적이었다.

비록 링고 스타와 조지 해리슨의 얼굴은 어두웠지만 밴드 비틀스가 들려준 연주는 끝내줬다. 42분 동안 비틀스는 「겟 백」 「돈 렛 미 다운 Don't Let Me Down」 「원 애프터 나인오나인 One After 909」 「디그 어 포니 Dig A Pony」 「아이브 갓 어 필링 I've Got A Feeling」 같은 신곡을 연주했다. 그리고 이 해프닝에 깜짝 놀란 경찰이 전력공급을 끊는 것으로 『렛 잇 비』는 그 길고 지루했던 대단원의 막을 내렸다.

애비로드는 영원히

'렛 잇 비' 촬영을 마친 뒤 폴 매카트니는 3월 12일 린다 이스트먼과 결혼했다. 그런데 바로 그날 조지 해리슨은 아내 패티와 함께 대마초를 소지한 혐의로 그 악명 높은 노먼 필처 경사에게 체포되었다. 필처는 앞서 포크 가수인 도노반과 록 밴드 롤링 스톤스, 존 레논을 차례로 구속시켜 화제가 된 인물이다. 그는 폴 매카트니의 결혼식 날을 공격 개시일로 잡고 비틀스를 잡아들여서 주의를 끌려고 했다.

노먼 필처는 이날 이셔에 있는 해리슨의 집을 급습했고 결국 조지와 패티는 대마초 소지 혐의로 기소되어 구치소에 갔다가 보석금을 내고 풀려났다. 이 때문에 조지는 구속과 지문 날인이라는 굴욕을 당해야 했다. 또한 마약사범으로 낙인 찍혀 평생 미국 비자를 받는 데 어려움을 겪어야 했다. 필처 경사의 기대대로 이 사건은 언론의 헤드라인을 장식했다.

해리슨이 체포된 지 여드레 뒤 존 레논은 지브롤터에서 요코 오노와 결혼했다. 그들은 결혼식을 마친 뒤 파리로 신혼여행을 떠났고 그곳에서 1주일간 침대에 드러눕는 '베드-인' 평화시위를 벌였다. 몇 달 뒤 존과 요코는 둘의 결혼을 기념하며 『투 버진스』에 이은 또 한 장의 아방가르드 음반, 『웨딩 앨범 Wedding Album』을 발표했다.

그 사이에도 매니지먼트를 둘러싼 긴장은 계속됐다. 누가 밴드와 회사의 경영을 맡느냐가 문제였다. 존 레논과 그의 아내 요코는 롤링 스톤스의 매니저였던 앨런 클라인을 추천했고 조지 해리슨과 링고 스타도 그 인물을 지지했다. 반면 폴 매카트니는 린다의 아버지였던 사업가 리 이스트먼을 고집했다. 그러나 매카트니의 친족경영을 경계했던 다른 세 멤버의 반대로 인해 결국 클라인이 새 매니저 겸 애플의 사업고문이 됐다.

이처럼 그룹이 붕괴 직전이었는데도 비틀스가 녹음한 마지막 앨범 『애비 로드 Abbey Road』는 즐겁고 기분 좋은 걸작이었다. 비틀스는 애비로드 스튜디오에서 프로듀서 조지 마틴과 함께 다시 한 번 뭉쳐 절정의 기량을 발휘했다. 덕분에 『애비 로드』는 강력한 로큰롤과 사랑스러운 발라드, 팝 오케스트라가 골고루 섞여 있는 감성적이고 근사한 음반이 되었다.

훗날 정치 캠페인송으로 활용되기도 했던 존 레논의 「컴 투게더 Come Together」, 조지 해리슨이 만든 아름다운 연가 「썸

씽Something」, 역시 해리슨의 뛰어난 서정성과 멜로디 감각을 보여주는 「히어 컴스 더 선Here Comes The Sun」, 비틀스 최고의 하모니를 들려준 「비코즈Because」 등 모두 불후의 명작들이다.

한편 존 레논은 그 뒤로 독자행보를 계속하며 그룹을 그만두겠다고 드러내놓고 말해왔다. 그는 플라스틱 오노라는 밴드를 결성했고 더 이상 비틀스 같은 음악은 하지 않겠다고 확실히 밝혔다. 매니저 앨런 클라인은 사업 문제가 모두 해결될 때까지 해체 발표만은 말아달라고 레논을 설득했다. 다른 멤버들 역시 『화이트 앨범』 녹음을 전후로 이미 마음이 떠난 상태였지만 비밀로 지키겠다고 암묵적으로 합의했다.

1970년에 이르러 비틀스가 각자의 길을 걷고 있다는 사실이 분명해졌다. 1월에 존 레논은 전년도에 있었던 토론토 공연 실황앨범을 내놓았고 곧 폴 매카트니가 첫 솔로 음반 『매카트니McCartney』를, 5월엔 링고 스타도 데뷔앨범 『센티멘틀 저니Sentimental Journey』를 각각 발표할 계획이었다.

그들 모두 개인적 일에 바빴기 때문에 1년 전에 녹음했던 『렛 잇 비』에는 아무도 관심이 없었다. 새 레코드를 내놓아야 했던 매니저 앨런 클라인은 급히 미국 프로듀서 필 스펙터를 고용했다. '월 오브 사운드'로 유명한 필 스펙터는 「더 롱 앤 와인딩 로드The Long And Winding Road」 등 『렛 잇 비』에 있는 몇몇 곡을 현악 오케스트레이션과 코러스 더빙을 두텁게 입혀 새롭게 내놓았다.

그러나 폴 매카트니는 그 곡들을 듣는 순간 화가 머리끝까지 치밀었다. '록의 기본으로 돌아가자'라는 그룹의 의도와는 정반대의 것들이었기 때문이다. 뒤통수를 맞은 매카트니는 앨런 클라인에게 편지를 보내 자신의 뜻을 강력히 전달했지만 클라인은 앨범 출시날짜가 며칠 남지 않았다는 이유로 거절했다. 폴 매카트니는 크게 상처 입었고 드디어 비틀스에 대한 미련을 버렸다. 그리고 며칠 뒤 가슴 속에 품고 있던 마지막 계획을 실행에 옮긴다.

1970년 4월 9일 폴 매카트니는 자신의 첫 솔로앨범 발매날짜에 맞춰 기자회견을 열었다. 그리고 그 자리에서 매카트니는 기자들에게 비틀스 탈퇴를 공식 선언했다. 어리둥절한 취재진을 향해 그는 '개인적, 사업상 그리고 음악적 차이' 때문에 비틀스를 그만 둔다고 확인해줬다. 이로써 비틀스가 끝났다는 소식은 온 세상에 퍼졌다.

비틀스의 해체는 그들 스스로 선택하고 결정한 것이었다. 자아가 너무 커져버린 그들 네 명은 더 이상 비틀스로서 살 수 없었다. 이제 동료보다 자기 스스로와 아내, 가족이 더 소중했고 무엇보다 '개인적 삶'을 원하고 있었다.

"우리 모두는 개인으로서 더 많은 공간이 필요했다. 비틀스는 조그만 공간이 되어버렸다. 국제적인 히트 그룹이었지만 비틀스는 너무 작은 공간이었다."(조지 해리슨)

"어느 날 우리는 서른이 되었고 결혼까지 한 뒤 모두 변했다. 이미 우리는 비틀스의 삶을 지탱할 수 없었다."(링고 스타)

그룹이 해산한 뒤 매카트니와 레논, 해리슨, 링고 스타는 솔로 아티스트로서도 좋은 성과를 거두었다. 해리슨은 1970년 말 걸작 음반 『올 씽스 머스트 패스 All Things Must Pass』를 발표했다. 이 앨범은 비틀스 멤버가 낸 독집으로는 최초로 미국 차트 1위를 차지했으며, 크리슈나를 찬양한 싱글 「마이 스위트 로드 My Sweet Lord」 역시 빌보드 싱글 차트를 4주간 제패했다.

『올 씽스 머스트 패스』를 통해 자신의 음악적 역량을 마음껏 선보인 조지 해리슨은 인도 음악과 제3세계에 대한 그의 관심을 이어갔다. 1971년 8월 1일 해리슨은 '시타르 구루' 라비 샹카르와 함께 방글라데시 내전의 희생자들을 돕기 위한 공연 '콘서트 포 방글라데시 Concert For Bangladesh'를 주최했다.

에릭 클랩튼, 밥 딜런, 링고 스타, 리온 러셀 등 초호화 뮤지션들이 총출동했던 이 거대한 록 앙상블은 자선공연이라는 위대한 선례를 록 역사에 남겼다. 또 사랑과 평화라는 60년대 정신을 회복하면서 음악의 힘과 긍지를 보여준 행사였다.

이 최초의 자선 콘서트는 인도 음악과 록 음악 두 파트로 나뉘어 진행되었으며 주최자 조지 해리슨이 「방글라데시 Bangla Desh」라는 곡으로 대미를 장식했다. 연주실황은 세 장짜리 엘피로 묶여 출시되었고 그 뒤로 『라이브 에이드』처럼 세계 각지에서 수많은 기금 마련 자선콘서트가 생겨났다.

링고 스타는 『센티멘틀 저니』에 이어 컨트리 앨범 『보우크 오브 블루스 Beaucoup Of Blues』를 발표했고 '더 매직 크리스천' 같은 영화에 출연하면서 배우로서 경력을 쌓아나갔다. 폴 매카트니는 아내 린다와 함께 밴드 윙스 Wings를 결성해 여러 음반을 내놓아 상업적으로 비틀스 시절 못지않은 커다란 성공을 거뒀다.

베트남전 같은 정치적 문제를 놓고 미 당국과 치열하게 투쟁했던 존 레논은 『이매진Imagine』을 포함한 몇 장의 앨범을 공개한 뒤 1975년 음악계에서 완전히 은퇴해 전업 남편으로서 가정을 돌봤다. 그리고 5년 만에 『더블 팬터지Double Fantasy』라는 새 음반을 들고 컴백을 며칠 앞둔 1980년 12월 8일, 그는 뉴욕 맨해튼의 자택 앞에서 미치광이 마크 채프먼이 쏜 총탄에 맞고 숨졌다.

세월이 흘러 비틀스는 되살아났다. 1995년 존을 제외한 폴, 조지, 링고는 『비틀스 앤솔로지The Beatles Anthology』 프로젝트를 위해 일시적으로 재결합했다. 이 세 사람은 존 레논의 생전 목소리에 새롭게 연주를 덧붙여 「프리 애즈 어 버드Free As A Bird」 「리얼 러브Real Love」 같은 노래를 발표했고, 그간 공개하지 않았던 공연실황과 초기 데모 버전, 스튜디오 레코딩 실황 등을 실어 『비틀스 앤솔로지』 1·2·3으로 출시했다.

또 2000년에는 영미차트 넘버원 곡들을 모은 편집앨범 『원 1』을 내놓아 비틀스는 다시 한번 세상을 정복했다. 하지만 2001년 11월 29일, 조지 해리슨이 오랜 투병생활 끝에 암으로 숨지면서 영원히 물질세계와 작별했다. 이로써 폴 매카트니와 링고 스타 두 사람만이 비틀스의 생존멤버로 남게 되었다.

에필로그

"우리가 쓴 곡들 대부분이 사랑과 평화, 이해심을 다룬 작품이어서 정말로 기쁘다."(폴 매카트니)

비틀스는 공식적으로 10년간 활동했지만 그들은 대중들이 알고 있는 것보다 훨씬 오랫동안 같이 지냈다. 열여섯 살 때부터 존 레논은 두 살 어린 폴 매카트니와 연주했고 바로 1년 뒤 조지 해리슨이 그 로큰롤 밴드에 합류했다. 그 많은 시간을 함께 보내면서 비틀스는 음악팬으로서, 또 음악가로서 어릴 적부터 꿈꾸었던 돈과 명성, 여자를 모두 얻었다. 비틀스라는 이름으로 음반 열세 장을 내놓았고 영국과 미국, 나아가 전 지구촌을 정복할 만큼 인기를 얻었다.

이어 그룹은 자신들의 우상이었던 엘비스 프레슬리, 척 베리, 리틀 리처드 같은 대음악가를 차례로 만날 수 있었다. 그들은 다 같이 모여 뛰어난 음악을 만들어냈으며 수많은 콘서트에서 열광적으로 공연했다. 음반과 공연으로 팬들을 충분히 즐겁게 했고 세상 사람들에게 기쁨과 행복을 주었다. 청중들에게 사랑 받으면서 비틀스는 그토록 바라던 부자가 되었고 세계 최고 밴드라는 명성을 얻었다. 그들은 분명히 멋진 순간들을 지내왔다.

그러나 멤버들 각각은 언제까지나 10대가 아니었고 또 비틀스로만 살 수도 없었다. 음악이 발전하고 사회적 위치가 변함에 따라 각자 다른 의미를 찾아 나갔다. 그에 따라 차츰 그룹이라는 구심점을 잃었다. 허나 팬들이나 미디어는 아무도 그 변화를 받아들이려 하지 않았고, 비틀스를 개개인으로서 존중하지 않았으며 그들이 네 사람이라는 사실도 무시했다. 그러한 모순은 더욱 더 부담이 되어 멤버 모두를 짓눌렀다.

이 지점에서 비틀스는 그룹을 벗어나는 길을 투쟁했다. 그 거대한 욕망을 초월했고 집착을 끊었다. 그들은 정점에 있었을 때 스스로 내려옴으로써 비틀스이기를 포기했고, 질적인 변화를 꿈꿨다. 그들 네 명은 그룹을 버림으로써 각자의 자아를 강화할 수 있었다.

"자연스러운 일이다. 사람들은 마치 지구의 종말이 온 것처럼 호들갑을 떨었지만 겨우 록 그룹 하나 해체된 것일 뿐이다. 추억에 잠기고 싶으면 얼마든지 옛 음반들이 있지 않은가. 모두 대단한 음악들이다."(존 레논)

비틀스가 해산한 지 30여 년이 지났고 존 레논에 이어 조지 해리슨도 2001년 세상을 떠났다. 아마도 존 레논은 그가 그토록 염원했던 '사랑뿐인 나라'에서 살고 있을 테고, 조지 해리슨은 크리슈나 곁에서 영원한 안식을 얻었을 것이다.

최근 예순네 살이 된 폴 매카트니는 아직도 밸런타인데이 선물을 보내는 팬들에게 자신의 노래인 「웬 아임 식스티 포 When I'm Sixty-Four」를 흐뭇하게 불러 줄 것이며, 링고 스타는 자기 이름이 들어간 그룹인 '링고 스타 앤 히스 올스타 밴드Ringo Starr And His All-Starr Band'의 리더로 남은 생을 살아갈 것이다.

비틀스의 명곡 「인 마이 라이프In My Life」의 노랫말처럼, 시간이 흘러 어떤 이는 가고 다른 어떤 이는 남았지만 우리는 그들 모두를 여전히 사랑하고 기억한다. 또 비틀스가 남긴 불멸의 노래로 위안과 행복을 얻는 동시에 그 사랑과 평화의 메시지를 되새긴다.

비틀스에게는 음악을 사랑하게 만드는 묘한 힘이 있고, 전 세계 사람들을 하나로 묶는 마법이 있다. '훌륭한 작은 로큰롤 밴드' 비틀스의 음악여행은 지금도 그렇게 계속되고 있다.

참고문헌

김지영, 『이상의 시대 반항의 음악』, 문예마당, 1995.
서동진, 『록 젊음의 반란』, 새길, 1993.
안재필, 『세기의 사랑이야기』, 살림, 2004.
알랭 디스테르, 성기완 옮김, 『록의 시대』, 시공사, 1996.
임진모, 『세계를 흔든 대중음악의 명반』, 민미디어, 2003.
임진모, 『팝 리얼리즘 팝 아티스트』, 민미디어, 2002.
한경식, 『비틀스 콜렉션 -비틀스의 음악세계』, 친구미디어, 2001.
한경식, 『신화가 된 이름』, 더불어책, 2004.
한대수, 『영원한 록의 신화 비틀스 & 살아있는 포크의 전설 밥 딜런』, 숨비소리, 2005.
헌터 데이비스, 이형주 옮김, 『비틀스』, 베텔스만, 2003.
David Szatmary, A Time To Rock, Schirmer Books, 1987.
Editors of Rolling Stone, Harrison, Simon & Shuster, 2002.
Elliot J. Huntley, Mistical One: George Harrison, Guernica, 2004.
George Harrison, I Me Mine, Phoenix Paperback, 2004.
Hunter Davis, The Beatles, W.W. Northern & Company, 1996.
Ian Inglis, The Beatles, Popular Music And Society: A Thousand Voices, MacMillan Press Ltd., 2000.
Katherine Charlton, Rock Music Styles: A History, Brown & Benchmark, 1994.
Steve Turner, A Hard Day's Write, HapperCollins, 1999.
The Beatles, The Beatles Anthology, Chronicle Books, 2000.
Walter Everett, The Beatles As Musicians: Revolver Through The Anthology, Oxford University Press, 1999.

비틀스

펴낸날	초판 1쇄 2006년 9월 30일
	초판 4쇄 2015년 4월 14일

지은이	고영탁
펴낸이	심만수
펴낸곳	(주)살림출판사
출판등록	1989년 11월 1일 제9-210호

주소	경기도 파주시 광인사길 30
전화	031-955-1350　팩스　031-624-1356
기획·편집	031-955-4671
홈페이지	http://www.sallimbooks.com
이메일	book@sallimbooks.com

ISBN	978-89-522-0559-9　04080

※ 값은 뒤표지에 있습니다.
※ 잘못 만들어진 책은 구입하신 서점에서 바꾸어 드립니다.

비틀스가 해산한 지 30여 년이 지났고 존 레논에 이어 조지 해리슨도 2001년 세상을 떠났다. 아마도 존 레논은 그가 그토록 염원했던 '사랑뿐인 나라'에서 살고 있을 테고, 조지 해리슨은 크리슈나 곁에서 영원한 안식을 얻었을 것이다.

최근 예순네 살이 된 폴 매카트니는 아직도 밸런타인데이 선물을 보내는 팬들에게 자신의 노래인 「웬 아임 식스티 포 When I'm Sixty-Four」를 흐뭇하게 불러 줄 것이며, 링고 스타는 자기 이름이 들어간 그룹인 '링고 스타 앤 히스 올스타 밴드Ringo Starr And His All-Starr Band'의 리더로 남은 생을 살아갈 것이다.

비틀스의 명곡 「인 마이 라이프In My Life」의 노랫말처럼, 시간이 흘러 어떤 이는 가고 다른 어떤 이는 남았지만 우리는 그들 모두를 여전히 사랑하고 기억한다. 또 비틀스가 남긴 불멸의 노래로 위안과 행복을 얻는 동시에 그 사랑과 평화의 메시지를 되새긴다.

비틀스에게는 음악을 사랑하게 만드는 묘한 힘이 있고, 전 세계 사람들을 하나로 묶는 마법이 있다. '훌륭한 작은 로큰롤 밴드' 비틀스의 음악여행은 지금도 그렇게 계속되고 있다.

참고문헌

김지영, 『이상의 시대 반항의 음악』, 문예마당, 1995.
서동진, 『록 젊음의 반란』, 새길, 1993.
안재필, 『세기의 사랑이야기』, 살림, 2004.
알랭 디스테르, 성기완 옮김, 『록의 시대』, 시공사, 1996.
임진모, 『세계를 흔든 대중음악의 명반』, 민미디어, 2003.
임진모, 『팝 리얼리즘 팝 아티스트』, 민미디어, 2002.
한경식, 『비틀스 콜렉션 -비틀스의 음악세계』, 친구미디어, 2001.
한경식, 『신화가 된 이름』, 더불어책, 2004.
한대수, 『영원한 록의 신화 비틀스 & 살아있는 포크의 전설 밥 딜런』, 숨비소리, 2005.
헌터 데이비스, 이형주 옮김, 『비틀스』, 베텔스만, 2003.
David Szatmary, A Time To Rock, Schirmer Books, 1987.
Editors of Rolling Stone, Harrison, Simon & Shuster, 2002.
Elliot J. Huntley, Mistical One: George Harrison, Guernica, 2004.
George Harrison, I Me Mine, Phoenix Paperback, 2004.
Hunter Davis, The Beatles, W.W. Northern & Company, 1996.
Ian Inglis, The Beatles, Popular Music And Society: A Thousand Voices, MacMillan Press Ltd., 2000.
Katherine Charlton, Rock Music Styles: A History, Brown & Benchmark, 1994.
Steve Turner, A Hard Day's Write, HapperCollins, 1999.
The Beatles, The Beatles Anthology, Chronicle Books, 2000.
Walter Everett, The Beatles As Musicians: Revolver Through The Anthology, Oxford University Press, 1999.

비틀스

펴낸날	초판 1쇄 2006년 9월 30일
	초판 4쇄 2015년 4월 14일
지은이	고영탁
펴낸이	심만수
펴낸곳	(주)살림출판사
출판등록	1989년 11월 1일 제9-210호
주소	경기도 파주시 광인사길 30
전화	031-955-1350 팩스 031-624-1356
기획·편집	031-955-4671
홈페이지	http://www.sallimbooks.com
이메일	book@sallimbooks.com
ISBN	978-89-522-0559-9 04080

※ 값은 뒤표지에 있습니다.
※ 잘못 만들어진 책은 구입하신 서점에서 바꾸어 드립니다.

함께 읽으면 좋은 책

예술

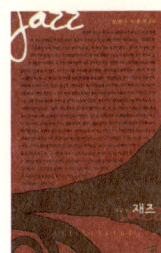

054 재즈

eBook

최규용(재즈평론가)

즉흥연주의 대명사, 재즈의 종류와 그 변천사를 한눈에 알 수 있도록 소개한 책. 재즈만이 가지고 있는 매력과 음악을 소개한다. 특히 초기부터 현재까지 재즈의 사조에 따라 변화한 즉흥연주를 중심으로 풍부한 비유를 동원하여 서술했기 때문에 재즈의 역사와 다양한 사조의 특징을 쉽게 이해할 수 있다.

255 비틀스

eBook

고영탁(대중음악평론가)

음악 하나로 세상을 정복한 불세출의 록 밴드. 20세기에 가장 큰 충격과 영향을 준 스타 중의 스타! 비틀스는 사람들에게 꿈을 주었고, 많은 젊은이들의 인생을 바꾸었다. 그래서인지 해체한 지 40년이 넘은 지금도 그들은 지구촌 음악팬들의 많은 사랑을 받고 있다. 비틀스의 성장과 발전 모습은 어떠했나? 또 그러한 변동과정은 비틀스 자신들에게 어떤 의미였나?

422 롤링 스톤즈

eBook

김기범(영상 및 정보 기술원)

전설의 록 밴드 '롤링 스톤즈'. 그들의 몸짓 하나하나는 우리가 생각하는 것보다 훨씬 더 탁월한 수준의 음악적 깊이, 전통과 핵심에 충실하려고 애쓴 몸부림의 흔적들이 존재한다. 저자는 '롤링 스톤즈'가 50년 동안 추구해 온 '진짜'의 실체에 다가가기 위해 애쓴다. 결성 50주년을 맞은 지금도 구르기(rolling)를 계속하게 하는 힘. 이 책은 그 '힘'에 관한 이야기다.

127 안토니 가우디 아름다움을 건축한 수도사

eBook

손세관(중앙대 건축공학과 교수)

스페인의 세계적인 건축가 가우디의 삶과 건축세계를 소개하는 책. 어느 양식에도 속할 수 없는 독특한 건축세계를 구축하고 자연과 너무나 닮아 있는 건축가 가우디. 이 책은 우리에게 건축물의 설계가 아닌, 아름다움 자체를 건축한 한 명의 수도자를 만나게 해준다.

예술

131 안도 다다오 건축의 누드작가
eBook

임재진(홍익대 건축공학과 교수)

일본이 낳은 불세출의 건축가 안도 다다오! 프로복서와 고졸학력, 독학으로 최고의 건축가 반열에 오른 그의 삶과 건축, 건축철학에 대해 다뤘다. 미를 창조하는 시인, 인간을 감동시키는 휴머니즘, 동양사상과 서양사상의 가치를 조화롭게 빚어낼 줄 아는 건축가 등 그를 따라다니는 수식어의 연원을 밝혀 본다.

207 한옥
eBook

박명덕(동양공전 건축학과 교수)

한옥의 효율성과 과학성을 면밀히 연구하고 있는 책. 한옥은 주위의 경관요소를 거르지 않는 곳에 짓되 그곳에서 나오는 재료를 사용하여 그곳의 지세에 맞도록 지었다. 저자는 한옥에서 대들보나 서까래를 쓸 때에도 인공을 가하지 않는 재료를 사용하여 언뜻 보기에는 완결미가 부족한 듯하지만 실제는 그 이상의 치밀함이 들어 있다고 말한다.

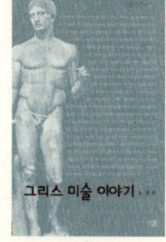

114 그리스 미술 이야기
eBook

노성두(이화여대 책임연구원)

서양 미술의 기원을 추적하다 보면 반드시 도달하게 되는 출발점인 그리스의 미술. 이 책은 바로 우리 시대의 탁월한 이야기꾼인 미술사학자 노성두가 그리스 미술에 얽힌 다양한 이야기를 재미있게 풀어놓은 이야기보따리이다. 미술의 사회적 배경과 이론적 뿌리를 더듬어 감상과 해석의 실마리에 접근하는 또 다른 시각을 제공하는 책.

382 이슬람 예술
eBook

전완경(부산외대 아랍어과 교수)

이슬람 예술은 중국을 제외하고 가장 긴 역사를 지닌 전 세계에 가장 널리 분포된 예술이 세계적인 예술이다. 이 책은 이슬람 예술을 장르별, 시대별로 다룬 입문서로 이슬람 문명의 기반이 된 페르시아·지중해·인도·중국 등의 문명과 이슬람교가 융합하여 미술, 건축, 음악이라는 분야에서 어떻게 표현되었는지 설명한다.

예술

417 20세기의 위대한 지휘자 `eBook`

김문경(변리사)

뜨거운 삶과 음악을 동시에 끌어안았던 위대한 지휘자들 중 스무 명을 엄선해 그들의 음악관과 스타일, 성장과정을 재조명한 책. 전문 음악칼럼니스트인 저자의 추천음반이 함께 수록되어 있어 클래식 길잡이로서의 역할도 톡톡히 한다. 특히 각 지휘자들의 감각 있고 개성 있는 해석 스타일을 묘사한 부분은 이 책의 백미다.

164 영화음악 불멸의 사운드트랙 이야기 `eBook`

박신영(프리랜서 작가)

영화음악 감상에 필요한 기초 지식, 불멸의 영화음악, 자신만의 세계를 인정받는 영화음악인들에 대한 이야기를 담았다. 〈시네마천국〉 〈사운드 오브 뮤직〉 같은 고전은 물론, 〈아멜리에〉 〈봄날은 간다〉 〈카우보이 비밥〉 등 숨겨진 보석 같은 영화음악도 소개한다. 조성우, 엔니오 모리꼬네, 대니 앨프먼 등 거장들의 음악세계도 엿볼 수 있다.

440 발레 `eBook`

김도윤(프리랜서 통번역가)

〈로미오와 줄리엣〉과 〈잠자는 숲속의 미녀〉는 발레 무대에 흔히 오르는 작품 중 하나다. 그런데 왜 '발레'라는 장르만 생소하게 느껴지는 것일까? 저자는 그 배경에 '고급예술'이라는 오해, 난해한 공연 장르라는 선입견이 존재한다고 지적한다. 저자는 일단 발레라는 예술 장르가 주는 감동의 깊이를 경험하기 위해 문 밖을 나서길 원한다.

194 미야자키 하야오 `eBook`

김윤아(건국대 강사)

미야자키 하야오의 최근 대표작을 통해 일본의 신화와 그 이면을 소개한 책. 〈원령공주〉〈센과 치히로의 행방불명〉〈하울의 움직이는 성〉이 사랑받은 이유는 이 작품들이 가장 보편적이면서도 가장 일본적인 신화이기 때문이다. 신화의 세계를 미야자키 하야오의 작품과 다양한 측면으로 연결시키면서 그의 작품세계의 특성을 밝힌다.

예술

eBook 표시가 되어있는 도서는 전자책으로 구매가 가능합니다.

019 애니메이션의 장르와 역사 | 이용배 eBook
043 캐리커처의 역사 | 박창석
044 한국 액션영화 | 오승욱 eBook
045 한국 문예영화 이야기 | 김남석 eBook
046 포켓몬 마스터 되기 | 김윤아
054 재즈 | 최규용 eBook
055 뉴에이지 음악 | 양한수 eBook
063 중국영화 이야기 | 임대근
064 경극 | 송철규 eBook
091 세기의 사랑 이야기 | 안재필 eBook
092 반연극의 계보와 미학 | 임준서 eBook
093 한국의 연출가들 | 김남석 eBook
094 동아시아의 공연예술 | 서연호 eBook
095 사이코드라마 | 김정일
114 그리스 미술 이야기 | 노성두 eBook
120 장르 만화의 세계 | 박인하 eBook
127 안토니 가우디 | 손세관
128 프랭크 로이드 라이트 | 서수경 eBook
129 프랭크 게리 | 이일형
130 리처드 마이어 | 이성훈 eBook
131 안도 다다오 | 임채진 eBook
148 위대한 힙합 아티스트 | 김정훈
149 살사 | 최명호
162 서양 배우의 역사 | 김정수
163 20세기의 위대한 연극인들 | 김미혜
164 영화음악 | 박신영 eBook
165 한국독립영화 | 김수남
166 영화와 샤머니즘 | 이종승
167 영화로 보는 불륜의 사회학 | 황혜진 eBook
176 테마로 보는 서양미술 | 권용준 eBook

194 미야자키 하야오 | 김윤아 eBook
195 애니메이션으로 보는 일본 | 박규태 eBook
203 영화로 보는 태평양전쟁 | 이동훈 eBook
204 소리의 문화사 | 김토일 eBook
205 극장의 역사 | 임종엽
206 뮤지엄건축 | 서상우
207 한옥 | 박명덕 eBook
208 한국만화사 산책 | 손상익
209 만화 속 백수 이야기 | 김성훈
210 코믹스 만화의 세계 | 박석환
211 북한만화의 이해 | 김성훈·박소현
212 북한 애니메이션 | 이대연·김경임
213 만화로 보는 미국 | 김기홍 eBook
255 비틀스 | 고영탁
270 르 코르뷔지에 | 이관석
313 탱고 | 배수경
314 미술경매 이야기 | 이규현
347 플라멩코 | 최명호
381 샹송 | 전금주
382 이슬람 예술 | 전완경 eBook
387 루이스 칸 | 김낙중·정태용 eBook
388 톰 웨이츠 | 신주현 eBook
416 20세기를 빛낸 극작가 20인 | 백승무 eBook
417 20세기의 위대한 지휘자 | 김문경 eBook
418 20세기의 위대한 피아니스트 | 노태헌 eBook
419 뮤지컬의 이해 | 이동섭 eBook
422 롤링 스톤즈 | 김기범 eBook
440 에로스의 예술, 발레 | 김도윤 eBook
451 동랑 유치진 | 백형찬 eBook

(주)살림출판사
www.sallimbooks.com
주소 경기도 파주시 문발동 522-1 | 전화 031-955-1350 | 팩스 031-955-1355